노동하는 **법무사**

김대환

노동하는 **법무사**

김대환

도서출판
다인아트

사랑의 가르침을 품고 사는 사람

김교흥
더불어민주당 인천시당위원장 서구갑 국회의원

지난 30여 년 희로애락을 함께한 김대환 후배가 일생을 담은 저서를 냈다는 소식을 듣고 제 추천사를 보탭니다. 제 기억 속 김 법무사는 뜨거운 사람입니다. 건강한 민주사회 조성을 위해, 존중받고 안전한 노동 현장을 위해 그는 누구보다 뜨겁게 살아왔습니다.

대학시절 김 법무사는 패기 넘치던 학생이자 동지였습니다. 제가 인천대 총학생회를 이끌던 시절 그는 학생회 임원으로서 학내 민주화 투쟁과 군부 독재 항거에 함께했습니다. 누구보다 앞장서서 솔선수범했던 모습이 여전히 눈에 선합니다. 학창 시절 사회구조적 모순에 대한 고민과 해결을 위해 쏟았던 뜨거운 열정은 자연스럽게 그의 삶에 녹아들어 여러 사회 활동으로 이어졌습니다. 군장교, 법무사, 건설 현장 반장의 길 속에서 끊임없이 현실을 개혁하고자 노력했고, 활발한 시민활동가이자 정당인으로 더 나은 지역사회를 위해 헌신하며 변화를 만들고 있습니다.

법무사라는 전문직을 가지고 여유 있게 살만한데도 건설 현장 노동 등 올바른 길이라 생각하면 어떤 길이라도 뛰어드는 김 법무사를 보며 자랑스러우면서 걱정도 됐었는데 이번 저서를 보며 그의 삶을 이해하게 됐습니다. 그의 뜨거움과 부지런함은 일찍 부군을 여의고 모든 것을 자식을 위해 사랑으로 헌신하신 어머님의 41,610원과 정직, 근면, 성실이라는 유산에 있었습니다.

이 책은 어머니의 유산을 가슴속에 품고 살아왔던 김대환 법무사의 뜨거운 인생이 담겨있습니다. 현장 노동으로 첫 새벽을 깨우고 하루의 마무리는 법무사로서 누구보다 근면하게 살아온 김대환 법무사의 이야기에 귀 기울여보면 우리에게 또 다른 신선함으로 다가올 것을 확신합니다. 특히 법무사로서 상담했던 다양한 법률상담 사례는 독자들에게 매우 유용한 자료가 될 것으로 기대되며 이 책의 일독을 권합니다. 감사합니다.

스토리가 있는 진짜 사람 김대환

이성만
인천 부평갑 국회의원

김대환 후배의 자전 에세이 출간을 참 마음으로 축하합니다.

오래진 인천 광성고등학교 동문으로 만났던 김 법무사는 시험 법무사라는 흔치 않던 전문 직업인이기도 했지만 무엇보다도 안정적인 직업에도 불구하고 진보적인 사고로 시민사회 활동과 민주정당 활동에 적극적이었던 후배라는 면에서 매우 반갑고 동지적인 동질감의 인상이었습니다.

다방면의 활동에도 불구하고 현실 정치와는 거리를 두고 과묵한 성격처럼 좀처럼 색깔을 드러내지 않던 김 후배가 자전 에세이를 출간한다 하여 접해보고는 그 내용에 무척이나 놀라지 않을 수 없었습니다. 어린 시절 산업현장에서 선친을 여의고 외가와 백부모 슬하에서 홀어머니와 함께 전국 다섯 곳의 초등학교를 다녔다는 것에서부터 청년 장교와 시험 법무사를 거쳐 건설 현장의 토목반장까지 하나같이 놀라움과 함께 그 신고의 세월을 가늠하기 어려울 정도였기 때문입니다. 의뢰인들의 상속문제를 처리하는 법무사로서 정작 자신의 상속 금액이 41,610원이었다는 점과 그가 남겨줄 유산은 스스로 살아온 모습과 공부 방법뿐이라는 대목에서는 그의 마음이 어떠했을지 먹먹해지기도 했습니다.

그 신고의 삶을 보니 그의 진보적인 사고는 너무나도 자연스러운 과정이었음을 이해하게 되었습니다. 편모슬하에서의 사회구조적인 모순에 대한 고민과 그에 따른 정치학도 입문, 삶을 위한 직업 장교, 시험 법무사, 건설 토목 현장 반장의 길을 가면서도 사회의 모순을 앉아서 받아들이기보다는 자신이 처한 자리와 상황에서 끊임없이 개혁하고자 했던 노력들은 선배로서도 자랑스러운 모습입니다.

더욱 놀란 점은 법무사라는 어엿한 전문직을 수행하면서 건설 현장의 막노동을 무려 5년간이나 함께 이어왔다는 점에서는 참으로 놀라지 않을 수 없었습니다. 더욱이 그 현장에서 필요한 굴삭기 조종과 건축 도장 기능의 자격까지 갖추었다 하니 홀어머니의 근면함을 이어받아 일하면서 공부했던 노동을 대하는 그의 열린 마음과 준비된 자세에 깊은 믿음이 가기도 합니다. 첫새벽부터는 현장 노동으로 4시 이후에는 법무사로 누구보다도 열심히 살아온 그의 열정과 부지런함은 요즘처럼 땀 흘리지 않고 앉아서 불로소득에 집착하는 많은 젊은이에게 이 책이 커다란 귀감이 될 것으로 확신합니다.

정치학과 행정학, 법학 등 사회과학 전반을 두루 섭렵한 그의 끝없는 학업에의 욕구와 전문 서적까지 출간한 그의 준비된 자세도 빼놓을 수 없으며 에세이 부록에 수록된 헌법과 임대차 보호법 등은 민주시민과 생활인으로서의 독자들에게 매우 유용한 자료가 될 것을 확신합니다. 색다르고 신선한 출판에 어쩌면 감추고 싶은 모습까지 참되고 진솔하게 드러낸 그의 솔직함은 다른 많은 독자들에게도 신선하게 다가올 것으로 확신하며 자신 있게 일독을 권합니다.

같은 시대, 같은 대학,
같은 학번으로 만난 친구

배진교
정의당 원내대표 국회의원

대학생이 되면, 사회와의 접점이 급속히 많아지곤 합니다. 오랜 시간이 지난 뒤에 돌아봐도 그 접점의 개수만은 가장 많은 시기일지도 모릅니다. 많이 변해버린 요즘 대학, 대학생들도 그런 생각이 들지는 잘 모르겠습니다만, 제가 학생일 적 대학은 그런 공간이었다고 생각합니다. 덕분에 훗날의 안위를 돌보지 않으며 젊은 날의 객기를 마음껏 부리고 살았습니다. 여전히 그때의 풍경이 냄새까지 생생합니다. 꽤 시간이 지난 지금 생각해봐도 제 인생에서 가장 복이 많았던 시간이었습니다.

그러나 우리를 둘러싼 국가와 사회의 환경은 복되지 않았습니다. 해뜨기 전이 가장 어둡다는 비유처럼, 전두환의 군홧발 통치는 막장으로 치닫고 있었습니다. 사회의 '지식인'이라는 기본 사명을 가진 대학생들은 사회의 부조리에 분노하며, 어떻게 독재를 끝내고 더 나은 사회를 만들 것인지 치열하게 부딪쳐 싸우고 있었습니다. 그때 함께하다 헤어지고, 싸우다가 화해한 친구들이 제게 가장 소중한 인연이 되었습니다.

김대환 친구는 그 때 만난 대학 동기입니다. 평소 진중하던 친구는, 일벌이기 좋아하던 저와는 다른 유형이었지만, 정치외교학과 출신으로 똑똑했고, 민주주의에 대한 신념이 투철한 친구였습니다. 이미 지역에서 오래 정치해서 주민들이 알고 계실 겁니다. 제가 알기로 친구는 오래전부터 정치에 투신하였지만, 권력 근처에서도 허튼 생각을 해본 적이 없으며 성실하게 정도를 걷기 위해 무던히도 애를 쓴 친구입니다.

생각해보면 놀랍습니다. 같은 시대, 같은 대학, 같은 학번으로 만난 친구는 저와 다른 길을 걸어왔지만, 각자 오랫동안 그 길을 벗어나지 않고 온 것입니다. 여전히 고개를 돌리면 저 멀리 보이는 친구의 존재가 참으로 든든하지 않을 수 없습니다. 당이 다르고, 생각이 달라도, 언제나 서로를 존중할 수 있는 친구가 또한 소중하지 않을 수 없습니다.

대가에 연연치 않고 한길을 고수하기란 쉽지 않습니다. 그만큼 좋아하고, 몰두하고, 연마해야 합니다. 그렇게 한평생 민주주의를 위해 헌신해온 친구의 인생을 축복하며, 여러분께 김대환 친구의 책을 강력히 추천하는 바입니다.

출간을 진심으로 축하하며, 축사를 맡겨준 친구와 출간을 도와주신 모든 분께 감사드립니다.

그에게 맞는 그 자리,
지금 여기에 있어야 하지 않을까요

이우재

사)인천민주화운동계승사업회 이사장

자유가 무성(武城)의 읍재가 되었다. 공자께서 말씀하셨다.

"너는 그곳에서 사람을 얻었느냐?"

"담대멸명이란 자가 있사온데, 길을 가되 지름길로 다니지 않고, 공적인 일이 아니면 저의 집에 오지 않습니다."(子游爲武城宰. 子曰 女得人焉爾乎. 曰 有澹臺滅明者. 行不由徑 非公事未嘗至於偃之室也. 『논어』「옹야(雍也)」)

『논어』「옹야」편에 나오는 글입니다. 공자의 제자인 자유가 무성을 다스리게 되었습니다. 그래서 공자가 물었습니다. 그곳에서 사람을 얻었냐고. 사람을 얻었냐는 말은 자기를 도와줄 훌륭한 인재를 얻었냐는 뜻입니다. 공자는 적재적소에 인재를 등용하는 것을 매우 중요시했습니다. 그래서 그렇게 물은 것이지요. 그랬더니 자유가 대답했습니다. 담대멸명이라는 사람을 얻었는데 길을 갈 때 지름길로 다니지 않고, 공적인 일이 아니면 자기 집에 오지 않는다고. 길을 갈 때 지름길로 다니지 않는 것은 원칙을 중요시하는 것이고, 공적인 일이 아니면 자기 집에 오지 않는다는 것은 공사를 구분하는 것입니다. 즉 원칙을 중요시하고 공사를 구분하는 사람을 얻었다는 말입니다. 이 글은 간단하면서도 정치의 요체를 잘 나타내고 있습니다.

여기 한 사람을 소개합니다.

나이는 오십대 중반, 인천에서 초중고, 대학까지 마쳤습니다. 대학 시절 대한민국 전체가 민주주의를 외치는 함성으로 들끓을 때 그는 시대의 요구를 외면하지 않았습니다. 86년 인천5.3민주항쟁, 87년 6월 항쟁 때 그는 아스팔트 위에서 서로 어깨동무를 하면서 민주주의를 외쳤습니다. 그러다가 연행당하기도 하고.

현재 그의 직업은 법무사입니다. 그러나 그는 아침마다 공사 현장으로 출근합니다. 법무사 사무실이 아닌 공사현장으로. 왜? 그의 아버지는 공장에서 노동일을 하다가 산재사고로 세상을 떠났습니다. 그는 자기 아버지가 공사 현장에서 산재 사고로 세상을 떠난 것을 결코 잊지 못하고 있습니다. 그래서 공사 현장이 더 이상 그렇게 위험하지 않은, 즉 모든 노동자가 천직이라고 생각할 수 있을 만큼 안전한 곳이 되어야 한다는 신념으로 그 현장을 바꾸기 위해 공사 현장으로 출근하는 것입니다. 법무사로 충분히 먹고살 수 있는데도 말입니다.

그리고 일찍부터 정치에 관심을 기울여 민주당과 오랜 인연을 맺고 있습니다. 대통령선거, 국회의원선거 때마다 민주진영의 승리를 위하여 만사 제쳐두고 온몸을 바치고 있습니다. 정치가 바뀌어야 세상이 바뀐다는 신념으로.

여기 이 사람, 이 사람에게 맞는 자리는 어디에 있을까요? 그 자리에는 거기에 맞는 그 사람이 있어야 하듯, 이 사람에게도 그에게 맞는 그 자리가 있어야 하지 않을까요? 이 책을 끝까지 읽어 보십시오. 그러면 이 사람이 어느 자리에 있어야 할지 대답이 나올 것입니다.

공부뿐만 아니라
봉사활동에도 적극적인 속 깊은 나의 제자

민춘홍
전)진산초등학교 교장

대환이는 1979년부터 1980년까지 서홍초등학교에서 6학년 때 기르쳤던 나의 제자였다.

대환이 생각에 45년 전 졸업앨범 사진을 꺼내 놓고 1979년 서홍초등학교 6학년 9반 71명과 함께 생활했던 교실로 날아갔다.

서홍초등학교는 6·25 때 이북에서 피난 와 인천 수도국산에 임시로 판잣집을 짓고 어렵게 생활하시는 분들이 대다수인 열악한 환경의 학교였다. 대환이는 울산에서 이곳으로 전학 온 학생이었다.

대환이를 처음 만날 때 키는 또래에 비해 작았고 얼굴빛도 거무스레했지만 수업시간이면 앞에 앉아 선생님의 수업을 열심히 듣고 초롱초롱한 눈빛으로 질문을 잘하며 공부를 열심히 하는 학생이었다.

특히 국어시간에 자기 생각을 조리 있게 발표를 하는 모습으로 다른 어린이들에게 많은 긍정적인 영향을 주었다.

그리고 공부만 열심히 한 것이 아니라 봉사활동도 적극 참여하여 하루 한 가지 착한 일 실천하기(일일일선)에도 1등을 하였고, 주위에 힘들어 하는 친구들이 있으면 도와서 청소하기, 쓰레기 버리기 등 어린이가 싫어하는 일들을 도맡아 하면서 항상 웃는 모습들이 어려서부터 다른 사람을 이해하고 배려하는 힘이 강하여 선생님들로부터 많은 칭찬을 들으며 리더의 자질을 나타냈다.

그 시절에는 학기 초에 가정방문을 하였는데 대환이네는 보통의 다른 학생들보다 살림살이가 더 어려웠다.

대환이가 5살 때 아버지는 공장에서 일을 하다 사고로 돌아가셨고 어머니가 할머니를 모시고 대환이 동생까지 키우며 홀로 가족의 생계를 위해 학교 앞 현대시장에서 노점상을 하며 살고 있었다. 어머니는 이런 환경 때문에 초등학교 졸업식이 다가올 즈음 대환이를 중학교에 보내야 하는데 경제적으로 어려움이 있다는 걱정을 하셨다.

대환이는 틈틈이 시장에 나가 어머니 일을 도와주고 친구들의 어려운 일도 내 일 같이 해결해주는 심성이 고운 아이였다.

그리고 어머니의 노점 일을 도와주면서도 주말 특별지도 시간(방과 후 활동)에 적극적으로 참여하여 학교대표로 인천시가 주최하는 과학탐구 논문발표대회에 참석하여 은상을 수상해 서흥초등학교의 명예를 빛내기도 한 논리적인 말하기와 발표력이 뛰어난 학생으로 많은 선생님들의 칭찬을 받았다.

그래서 졸업생 중에 가장 모범이 되는 1인을 선별하여 지급하는 장학금 지급 학생에 대환이를 적극 추천하여 최종 선정되었다. 장학금 5만원은 어려운 살림살이 속에 중학교에 진학하는 데 큰 도움이 되어 지금도 매우 기쁘게 생각하는 일이다.

교직 생활 45년 동안을 되돌아봤을 때 수많은 제자 중 가장 큰 보람과 뿌듯함을 느끼게 하는 제자가 대환이었고 그 아이가 이렇게 잘 성장해서 옛 추억을 회상하며 행복하게 이 글을 쓰게 되어 기쁘다. 고맙다, 대환아!

그 뜨거웠던
스무살의 심장이 뛰고 있는 청년, 김대환

송경평
5.3합창단 단장

2016년 총선 인천시민캠프에서 처음 만난 김대환 법무사는 한창 ROTC민주포럼 활동을 하느라 분주했던 것으로 기억한다. 예비역장교 조직에서 직업군인인 대위로 전역한 그가 합리적 사고로 진보적인 활동을 하는 것이 나에게는 무척 신선하게 다가왔다. 노동운동을 하던 당시의 송경평이라는 이름을 학생운동 시절의 그가 기억하고 있었던 것이다. 더욱이 진보정당의 총선 후보였던 시절에 인접 서구에서 당은 달리했지만 새천년민주당 고 조철구 후보의 비서로 총선 현장의 당시 분위기를 공유하고 있기에 묘한 동질감도 느끼는 후배였다.

인천민주시민합창단의 단장으로 분주하던 나와 함께 김 법무사는 선배 운동가들에게 예를 갖추고 후배들을 챙기는 중간 역할을 언제나처럼 이어오면서 창립감사로서 합창단 정관을 치밀하게 완성함과 동시에 합창단 단가 작사에 적극 참여하고 합창단 표지와 깃발 제작은 물론 합창단의 명칭을 인천의 대표적 민주화 운동인 86년 5.3 인천민주화 운동을 따라 5.3합창단으로 개칭하자는 적극적인 제안에 앞장서기도 했다. 알고 보니 86년 5.3 현장이 첫 가두

투쟁이었던 그는 결코 잊을 수 없는 20대 청년의 그 뜨거웠던 가슴을 놓고 싶지 않았던 것이다.

인천민주화운동계승사업회 이사 등 시민운동에 적극적이던 그가 현실정치에 다시 발을 들여 놓는다기에 나의 경험이 떠올라 선뜻 지지하지는 못했다. 그 젊은 기개에 우선은 박수를 보내며 다만 그 결과에는 결코 후회 없기를 바란다고 진심으로 격려했다.

그러고 보니 그는 평소에 말 수가 많지 않으나 매사 핵심적인 말로 상충하는 이해관계를 조정하는 능력과 시민사회의 선언문 작성과 낭독, 대중을 휘어잡는 찬조 유세에서의 독보적인 재능이 있었음이 자연스럽게 상기되었다.

초등학교부터 대학까지의 친구들과 은사님과의 인연을 이어오고 아직도 종이 신문을 밑줄을 그어 가며 읽고 있으며 잠시도 책을 놓지 않는 그에게 기대를 가질 수밖에 없는 건 당연한 일이다.

프롤로그

41,610원 상속, 그리고 내가 물려줄 유산

'김내환 반장의 출근이 기록되었습니다.'

어느덧 5년의 시간이 흐르고 있습니다. 새벽 5시. 칼바람의 매서운 기세와 맞서며 신도시 건설의 토목현장으로 출근을 합니다. 문득 첫 출근의 기억이 뇌리를 스칩니다. 법무사라는 멀쩡한 전문 직업인이 왜 공사장의 일용직으로 일을 하느냐는 공사현장 선배의 질문이 날아옵니다.

"요즘 법무사 사업이 잘 안돼서 그런가? 법무사 쯤 되면 먹고사는 데 지장은 없을 텐데…."

"저는 원래 막노동 일을 하면서 법무사가 됐습니다. 법무사 직업으로 자식 셋 키우면서 먹고 살만 합니다. 아내는 초등학교 교사여서 나름 여유도 있습니다."

선배 사수에게 되묻습니다.

"반장님은 공사장 막노동을 천직이라고 생각하는 사람이 얼마나 된다고 보십니까?"

"에이 이 사람아. 마지못해, 죽지 못해 막노동 일당이라도 받아먹고 사는 게지 천직은 무슨!"

"반장님! 제 아버지는 공장 노동자로 일을 하다가 산업재해로 돌아가셨습니다. 저는 공사 현장이나 공장의 생산현장에서 우리가 하는 막노동을 천직으로 생각할 수 있을 만큼 왜곡된 현실을 바꾸고 싶습니다."

'미라' 그것은 사람의 모습이 아니었습니다.

부산 동래병원 응급실의 문을 열자마자 오른쪽 작은 병상에 아버지가 누워계셨습니다. 눈동자만 남긴 채 온몸에 붕대를 감고 있는 모습은 아버지가 아니라 미라 같았습니다. 눈에만 붕대가 없었다는 것뿐, 의식이 있었는지 없었는지, 아버지와 눈동자를 마주쳤는지조차 기억이 나지 않습니다. 고향인 충남 공주 마곡사 입구 춤다리 마을로 들어가는 영구차 안에 앉아 있었다는 기억만이 희미할 뿐. 아버지에 대한 흔적은 다섯 살에 처음이자 마지막으로 만난 '미라'와 '영구차'의 두 기억으로만 남아 있습니다.

아버지가 돌아가시고 어머니는 행상을 나서야 했고, 어린 남매들은 공주 큰집과 경남 양산의 외할머니 슬하로 흩어져 초등학교 3학년까지 자랐습니다. 초등학교 4학년 때 어머니가 노점을 하면서 모여 살기 시작해서 2014년 어머니가 돌아가실 때까지 함께 살았습니다. 초등학교 때 잦은 전학으로 다섯 곳의 학교를 옮겨 다니면서도 열심히 공부해서 훌륭한 사람이 되는 것만이 고생하시는 어머니를 위한 효도의 길이라 생각했고, 신문을 읽으며 국어와 한문 익히기를 즐기고 글짓기와 표어대회 그리고 웅변대회에서 수차례 상을 받으며 자랐습니다.

"네가 정치를 하면 잘 해낼 텐데…"

어머니는 생전에 정치가 올바른 길을 가야 우리 같은 가난한 사람들도 희망을 가질 수 있다면서 제가 정치를 잘할 거라는 말씀을 하시곤 했습니다. 언제부터인가 어머니의 소망을 이루어 드리고 싶다는 생각과 함께 힘든 일이 많은 한 부모 가정에 자그마한 도움이라도 될 수 있는 정치인이 되겠다는 꿈을 키우기 시작한 듯합니다. 장학생으로 선발된 국립공업고등학교 진학을 포기하고 대학을 가겠다는 생각으로 인문계 고등학교를 선택합니다. 형편상 재수는 어불성설이었고 가까운 인천대학교 정치외교학과에 입학했습니다.

대학시절은 그야말로 도도히 흘렀던 민주항쟁의 시기였습니다.

입학하자마자 김교흥 정치외교학과선배(현 더불어민주당 인천 서구갑 국회의원)가 총학생회장에 출마했고 선거캠프에서 선거기획 운동원으로 대학생활을 시삭했습니다. 이후 인천대학교 정치외교학과 모의국회 준비위원장, 정치외교학과 학년 대표, 인천대학교 사회과학대학 학생회 기획부장으로 학내 민주화 투쟁과 1986년 5.3 인천민주항쟁, 김대중 후보를 위한 선거운동 참여로 낙제를 당했고, 4.13 호헌철폐 시위 현장에서의 연행 그리고 같은 학번 이한열의 소식이 전해진 뒤 부평대로에서 눈물로 불렀던 애국가. 그 당시 뜨거웠던 그 다짐으로 오늘 이 시간을 살아가고 있습니다.

학업을 마치기 위한 현실적 문제를 해결해야 했던 상황에서 직업군인이 되기로 하고 ROTC 장학생의 길을 선택합니다. 군 복무 중에는 군부대 내 장교숙소에서 한겨레신문을 구독했다는 이유로 군 보안대 조사를 받기도 했고, 군복을 입은 채로 김대중 선생의 원주 방문 환영식에 참석하기도 했습니다. 남다른 노력으로 기회를 얻은 사단장 전속부관을 경험하면서 오히려 전역을 결심했고 일과 훈련 후 동국대학교 행정대학원에서 행정학과 언론홍보를 공부하며 대위 전역을 준비했습니다. 삶의 좌표를 새롭게 다진 동력이었습니다.

1996년 육군 대위로 전역 후 수협은행에 입사했으나 새정치국민회의 인천서구강화갑 조철구 위원장의 부름을 받아 비서로 현실정치에 입문했고 당시 초등학교 초임교사였던 채석영과 결혼했습니다. 조철구 의원님께서 당선되시고 간암으로 별세하시기 전 중앙당 당직을 추천하셨으나 뜻한 바 있어 주식회사 아가방에 공채로 입사했습니다. 결혼 이듬해 첫째 다현이가 태어났습니다.

2000년에 둘째 다경이가 태어났고 나는 법무사 시험공부를 시작합니다. 인천항 부두에서 하역노동자로 일하던 중에 컨테이너에서 추락하는 산업재해로 발목을 크게 다쳐 독서실 총무와 학원 강사를 병행하며 시험공부에 매진하던 중 2002년 노무현 대통령의 당선은 제 삶의 좌표를 새롭게 다지는 커다란 동력이 되었습니다. 학부와 대학원에서 정치학, 행정학을 전공한 덕분인지 헌법과 형법에서 우수한 성적을 받아 2005년 서른아홉 살에 제11회 법무사 시험과 제15회 공인중개사 시험에 합격했습니다.

2007년 제17대 대통령선거 선거대책위원회에서 특별보좌관으로 인천 서구에서 활동했으며 2008년에 사단법인 인천도시경영연구원(이사장 현 김교흥 인천서구갑 국회의원) 감사로 활동하던 해에 늦둥이 셋째 기현이가 태어납니다. 2010년에 인천 서구 선거관리위원과 선거방송토론위원 그리고 공직자 윤리위원, 인천 서구 사회단체보조금 심의위원, 지방세 심의위원, 민주평통자문위원으로 활동 하였고 민선5기 인천 서구청장(민주당 전년성 구청장) 인수위원회 위원으로 활동했습니다.

2011년에는 민주당 인천서구강화갑(위원장 김교흥) 청년위원회 위원장과 인천장애인복지관 성년후견 선정위원으로 활동하며 법무부 소속 법교육 강사로 출강했습니다. 2012년에 제18대 대통령 선거과정에서 민주당 문재인 후보의 선거대책위원회 특별보좌관으로 선거운동을 했으며 2014년 세월호 참사 후 팽목항을 방문해 허망하게 생을 달리 한 어린 넋들을 위로했습니다. 자식을 위해 평생을 헌신하신 어머니도 이 해에 하늘나라로 가셨습니다.

참여와 변화의 정치현장으로 들어갑니다.

2016년 ROTC 동기들과 함께 ROTC 민주포럼을 결성해 촛불시국선언을 발표하고 2017년에는 노사모 인천모임에서 개최한 '노무현대통령 연설대회'에서 대상을 수상하는 영광을 얻기도 했습니다. 제19대 대통령선거에서는 민주당 문재인 대통령후보 선거대책위원회 특별보좌관으로 대선후보 정책실의에 참가했고 ROTC 민주포럼에서 대한민국 국군의 날을 10월 1일이 아닌 광복군 창설일인 9월 17일로 변경하는 청원을 제출하기도 했습니다. 1986년 인천 민주항쟁을 기억하고 그 맥을 이어 가야 한다는 취지로 결성한 '인천 5.3 민주시민 합창단(단장 송경평)'의 창립 감사로서 단체명과 단체의 상징인 깃발 디자인 제작 그리고 단가 작사에 동참했습니다.

2018년부터 건설 노동 현장에서 일용직을 병행하기 시작했고, ROTC 민주포럼에서는 인천민주화운동기념관 건립과 한·베트남평화재단의 후원에 참여했으며 대체복무제와 비전향 장기수 송환에 대한 설문조사를 실시했습니다. 2019년에 건축도장기능사, 2020년에는 소형 굴삭기 조종사 자격증을 취득하면서 건설 현장 일용직의 삶을 꾸리기 시작하여 토목 현장의 반장을 거쳐 산업안전기사가 되었습니다. 사회 참여와 변화의 흐름에 동참하기 위해 인천민주화운동계승사업회(이사장 이우재)의 감사를 거쳐 이사로 활동하고 있습니다.

제20대 대통령 선거에서는 더불어민주당 이재명 후보 선거대책위원회 대전환시민캠프의 인천공동대표와 기본사회위원회 인천부위원장, 후보직속 총괄특보단, 국방안보특보단에서 이재명 후보의 당선을 위해 최선을 다했으며 인천서구갑(김교흥 의원) 지역에서 찬조유세로 활동했습니다.

2014년 홀어머니의 갑작스런 병환으로 1년 동안 생계를 접고 간호했으나 어머니는 살아계신 동안에 몸소 보여주신 정직함과 성실함이라는 큰 유산과 함께 낡은 지갑 속에 41,610원을 물려주시고 하늘나라로 가셨습니다.

이 책은 지금의 저를 있게 한 원동력이며 지금의 제 모습을 만들어 주신 모든 분에게서 배워온 삶의 가치와 공동체의 지혜를 정리한 내용입니다. 많은 분의 관심과 사랑에 힘입어 한 권의 책을 완성할 수 있었습니다. 만만치 않은 현실에서 정치에 입문하려는 제게 진심으로 걱정해주신 대학 학과선배이자 현재 인천서구갑 국회의원으로 더불어민주당 인천시당 위원장이신 김교흥 국회의원님, 책의 시작부터 출판까지 모든 과정을 맡아주신 삶의 영원한 동지 이준호 선배, 저의 일상생활을 멋진 작품으로 선사해 주신 태양스튜디오 유재형 대표님, 부족한 내용으로 책다운 책을 만들어 주시느라 마음고생이 많으셨던 다인아트 윤미경 대표님, 함께 살아오면서 모든 삶의 고비를 함께 맞서 온 삶의 동반자인 아내 채석영과 사랑하는 딸 다현, 다경, 아들 기현에게 진심으로 고마운 마음을 전합니다.

부록으로 엮은 각종 법률 전문은 그 자체로 귀중한 자료이며 현실 문제를 해결하는 데 도움이 되리라는 바람으로 덧붙입니다.

신도시 건설 토목현장에서

김대환

차례

2부 미래를 향한 빛나는 도전

3부 부록

건설 노동 현장을 향한 새벽 출근길

1부

모든 권력은 국민으로부터 나온다

먼 것에서 시작하지 않겠다.

큰 것부터 잡으려하지 않겠다.

거창한 것으로 시작하지 않겠다.

쉬지 않고 노동하는 법무사

사람의 뇌는 한순간도 쉬지 않고 일을 한다고 한다. 그래서 약 1.4kg 정도의 무게로 체중의 2% 정도인데 혈액의 25%, 에너지의 20%를 쓴다고 한다. 쉬지 않고 일하는 뇌처럼 나도 마찬가지이다. 늘 어느 한 곳이 쿵쾅거리고 발이 움직인다. 새벽 5시 찬바람을 맞고 버스 정류장에서 버스를 기다린다. '노가다'하러 나간다. 노점을 마치고 전대를 풀어 꼬깃꼬깃한 지폐와 동전을 세시던 어머니, 사춘기 시절 그 꼬깃꼬깃했던 날들은 지금까지 한순간도 나를 그냥 두지 않는다. 오전에 출근하고 저녁에 자격증을 위한 공부를 하고 또 새벽에 '노가다'를 간다. 명색이 전문직인 법무사가 되고서도 소위 '노가다'를 한다는 것이 가벼운 결정은 아니었지만 막상 시작하고 보니 역시나 밥 잘 들어가고, 잠 잘 오고, 다른 잡념이 사라지고 '왜 더 일찍 시작하지 못했나?'라는 생각이 들었다. 아침잠이 많은 편이지만 공부할 때의 습관과 책임감으로 새벽에 일어나는 것이 그리 어렵지는 않았고 새벽에 인력사무소에도 나갔다. 새벽부터 시작된 일과는 하루가 짧지 않고 상쾌하기까지 했고 때로는 일을 잡지 못하고 돌아가는 사람들을 보면서 치열한 경쟁과 생존의 문제를 고민했다.

새벽 인력시장에는 외국인들이 무척 많았다. 조선족 동포 외에도 중국, 몽골, 태국, 베트남, 카자흐스탄, 우즈베키스탄 등 멀리 이

국땅에 와서 고생하는 그들을 볼 때면 우리의 아버지들이 중동의 사막에서 고생했던 시절이 떠올라 친절하지 않을 수 없었다. 새롭게 시작하는 일이다 보니 작업복을 챙겨 입는 것도 만만치 않았다. 싸구려 시장표에 먼지를 덜 타는 색깔에 계절마다 또 작업 내용에 따라 쉽지 않은 일이었고 넥타이에 양복은 유니폼처럼 오히려 간편한 복장이 되었다. 처음엔 딸 아들에게도 신경이 쓰이는 작업복 출퇴근이었는데 이제는 어느새 자연스러워졌지만 아직도 아파트 입주민들에겐 조심스럽다. 흙 때 묻은 작업복을 별도로 세탁해야 하는 아내의 일도 늘어났다.

페인트 일은 페인트 얼룩이 묻은 겉모습과는 달리 나름 흥미로운 일이었다. 건물에 새롭게 옷을 입히거나 화장을 하듯이 작업의 성과와 진척을 가시적으로 느낄 수 있었다. 이왕이면 자격증을 취득해서 제대로 배우고 싶어 지방까지 내려가 건축도장기능사 시험을 보았다. 생각보다 만만치 않아서 마치 미술시험이나 설계시험 같았고 한 번의 낙방 끝에 겨우 합격했다. 난생 처음인 기능사 자

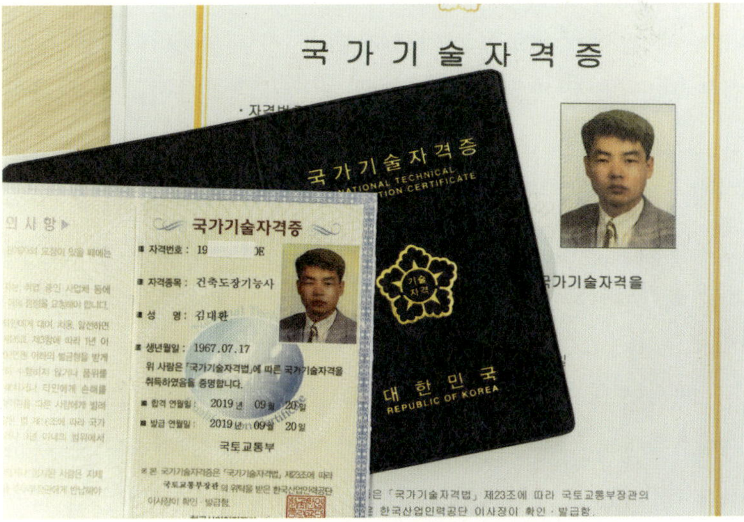

격증에도 묘한 뿌듯함이 생겼다. 열심히 하다 보니 계속 같이 일하자는 제의에 장기간 근무로 이어졌다. 상하수도 관로 작업에서의 경험으로 정교한 조종기술이 필요한 소형 굴착기조종사 자격을 취득했고, 주로 아파트 신축현장의 터파기 토목현장에서 일을 많이 했던 경험으로 토목 현장에서 반장을 맡기는 경우도 있었다.

코로나19 이전의 어느 현장에서는 눈앞을 가리는 기계먼지 속에서도 마스크도 없이 일하는 모습에 당황해서 급한 대로 수건으로 코를 막았더니 그 일로 그 현장에선 나를 다시는 부르지 않았다. 어느 곳을 가던지 현장 노동자의 안전과 건강은 심각한 위협을 받고 있었다. 고속도로 안전표지판 보수현장에서는 다리를 다쳐 하루 정도 쉬면 일을 할 수 있을 정도였는데 역시 다시는 부르지 않았다. 분명히 산업재해로 인정하고 보상을 결정하고 지급하는 등의 절차에 대한 부담을 느꼈기 때문이었을 것이다. 여름의 불타는 뙤약볕 아래 얼굴이 검게 타는 것이 법무사 사무실로 출근할 때 가장 커다란 고민이었다. 선크림은 줄줄이 흐르는 땀에 효과를 발휘할 수 없었고 햇빛가리개, 모자, 쿨 워머, 쿨 토시와 친해져야 했다. 손과 발에 굳은살이 생기고 거칠어지기 시작하더니 언젠가 한 번은 인감증명을 발급하러 갔을 때 열 손가락 가까이 지문을 확인할 정도로 지문이 많이도 닳았던 적도 있었다.

어느 해 여름엔 갑자기 머리가 부서지듯 아파서 어지간하면 병원을 안가는 내가 MRI 촬영까지 했다. 한여름 뙤약볕에 땀을 비 오듯 흘리면서도 소금 포도당을 먹지 않아 일사병에 걸린 듯 했을 때 소금의 중요성을 새삼 느꼈던 소중한 경험이었다.

군에서 포병으로 5년간 대포 소리를 들은 데다 공사 현장에서 기계소음까지 겹치니 가는귀도 살짝 먹은 듯하고 원래도 큰 목소리가 더 커졌다. 페인트에서 만난 이 반장님은 내게 많은걸 챙겨

주시던 감사한 분이다. 남철 소장님은 잠깐의 인연이었는데도 카카오스토리 친구로 인연을 이어가고 있다. 홍 반장님은 사수와도 같은 분으로 멀리 타지에서 와서 홀로 저녁을 먹는 것이 안타까워 반주로 식사를 함께 했다. 배우이신 모 반장님은 말수 적은 내게 말동무 같은 분인데 안중근의사의 외증손과 친구여서 귀한 자리를 함께하기도 했다. 평소에는 말수가 적지만 꼭 필요한 말과 질문과 발표에는 적극적인 점이 학업과 사회생활에 많은 도움이 되었다. 직업상으로도 꼼꼼할 수밖에 없어 정확하게 아는 사실이어야 말을 하며 말보다는 문서로 확인해야만 하는 습관도 있다.

자신이 택한 길을 우직하게 흔들리지 않고 멀리 가려는 사람

가끔 좌우명이 무엇이냐는 질문을 받는다. 좌우명이 삶의 신조나 신념을 뜻한다고 본다면 솔직히 특별한 좌우명은 없다. 한 번 맡은 일, 해내야겠다고 마음먹은 일이라면 최선을 다해서 꼼꼼하고 철저하게 해내고야 만다는 것이 나의 좌우명이라면 좌우명이다. 적극적으로 이로움을 추구하는 것을 비판할 수는 없다. 하지만 이로운 것만을 추구하다보면 뜻하지 아니한 부작용이 생긴다. 반면에 해로운 것, 좋지 아니한 점을 하나하나 제거해나가는 것은 좀 더디고 답답할 수 있다. 그러나 이렇게 하면 착실하게 현실을 개선해나갈 수 있다. 지금처럼 해 왔던 것처럼 부조리한 점, 불합리한 점을 찾아내어 하나씩 고쳐나갈 것이다.

좌우명은 아니지만, 예전 어르신들이 이렇게 말씀하시는 것을 들은 적이 있다. "큰사람 밑에서는 큰사람이 나올 수 있고, 큰 나무 밑에서는 나무가 자라지 않는다."라는 말씀이다. 이 말의 뜻을 짚어보면 큰사람은 사람을 잘 키워낼 수 있지만 큰 나무 밑에는 응달이 생겨서 다른 나무가 잘 자라나기 어렵다는 뜻이다. 여기에서 큰사람은 지위가 매우 높은 사람일 수도 있고 인격적으로 수양이 높은 사람, 지식이 남들보다 탁월한 사람 이른바 그릇이 큰 사람 그러니까 포용력이 큰 사람이다. 어찌되었든 큰 인물 밑에서 큰사람이 나올 수 있다는 뜻이니 맞는 말이다. '용장 밑에 약졸 없다.' 라는 말도 있으니 말이다. 그런데 어르신들의 말을 조금 다르게 생각해 보았다. 큰사람 밑이라고 해서 반드시 큰사람이 나올 수 있는 것은 아니며 큰 나무 밑이라고 해서 반드시 나무가 자라지 못하는 것도 아니다. 요컨대 "큰 나무도 큰 나무 나름이고, 큰사람도 큰사람 나름"이라는 것이다.

이런 생각은 지금까지 살아오면서 쌓은 경험에 바탕을 두고 있다. 어떤 의미에서든 자타가 공인하는 '큰사람'이지만 사람을 키우기보다는 그때그때 상황에 따라 사람을 이용만 하는 경우를 경험했다. 어느 분야든 정도의 차이가 있을 뿐 크게 다르지 않겠지만 정치의 세계라는 것은 기본적으로 승자와 패자가 분명하게 갈리는 비정한 세계다. 상생하다가도 어느 순간에 결정적인 승패나 이익이 걸리게 되면 돌아서 버리기도 하는 것이 정치세계이다. 사람을

판단하는 기준도 때에 따라 또는 상황에 따라 달라진다. 정치인의 학력이나 경력에 중점을 두기도 하고 스펙은 좀 모자라지만 성실성이나 정직성 같은 사람 됨됨이를 더 눈여겨보기도 한다.

한편 '큰 나무도 큰 나무 나름'이라는 것은 둘 다 큰 나무이면서 그 수종이 하나는 활엽수이고 다른 하나는 침엽수인 경우에 비유할 수 있다. 큰 활엽수는 옆으로 가지가 넓게 퍼지면서 그 아래 그늘도 넓다. 목재로서의 이용 가치, 즉 경제성은 대체로 떨어진다. 침엽수는 옆으로 가지가 넓게 퍼지지 않으며 전체적으로 위를 향해 쭉 올라가는 모양을 보이면서 같은 면적에 좀 더 촘촘하게 들

고향 공주 마곡초등학교 교정

내가 선택한 길을 우직하게 흔들리지 않고 멀리 가겠다

어선다. 목재로서의 경제성 측면은 대체로 활엽수보다 좋다. 같은 큰 나무라고 해도 단지 크다는 것 외에는 공통점이 별로 없다. 튼튼하고 곧바른 목재가 필요하면 침엽수가 좋을 것이고, 그늘 쉼터를 만들어 사람들이 쉴 수 있게 하자면 활엽수가 좋다. 돌이켜보면 살아오면서 활엽수 같은 인물도 침엽수 같은 인물도 그밖에 관목 같은 인물, 부평초 같은 인물, 기타 각양각색의 사람들을 겪어보았다. 그 다양한 사람들 때문에 웃기도 하고 괴로워하기도 했다. 그렇다. 이 세상에 완벽한 사람은 어차피 없다.

큰사람도 큰사람 나름이라면 큰사람보다는 '된 사람'이 되겠다. 겉으로 보이는 크기나 화려함보다는 안으로 얼마나 탄탄하게 채워져 있는가, 내적으로 지닌 가능성을 키우는 노력을 하겠다. 당장의 손익을 계산하느라 여념이 없는 사람보다는 자기가 택한 길을 우직하게 흔들리지 않고 멀리 가려는 사람이 되고 싶다.

구호가 아니라 실천으로

정치를 시작한다는 말에 가끔 이런 질문을 받는다.

"당신의 이념은 무엇입니까?"

그럴 때면 되묻는다. "제 이념은 무엇일까요?" 이렇게 되묻고 나면 질문을 했던 사람은 "글쎄요. 민주당에서 활동해오셨으니까 진보에 가까운…."이라고 답해 준다. 더불어민주당의 당원이라는 사실 때문에 진보 이념에 더 가까울 것으로 짐작한다. 하지만 진보든 보수든 다양한 입장들이 있다. 진보라고 해서 같은 진보가 아니고 이것은 보수도 마찬가지다. 그러니 어느 누군가가 '나는 진보다', '나는 보수다'라고 말한다 한들, 우리는 그 말을 통해서 그 사람의 이념이 정확히 어떤 것인지 알기는 힘들다. 우리 사회에서 이념 문제가 부각될 때마다 백범 김구 선생님께서 『나의소원』에서 하신 말씀을 떠올린다.

'나의 정치 이념은 한마디로 표시하면 자유다. 우리가 세우는 나라는 자유의 나라여야 한다. 우리 민족의 각원은 이기적 개인주의자여서는 안 된다. 우리는 개인의 자유를 극도로 주장하되, 그것은 짐승들과 같이 저마다 제 배를 채우기 쓰이는 자유가 아니요, 제 가족을, 제 이웃을, 제 국민을 잘 살게 하려고 쓰이는 자유다!'

사람에게 자유만큼 소중한 것이 또 있을까! 백범 김구 선생님은 자유의 중요성을 깊이 강조하시면서도 그 자유란 내가 속한 공동체의 다른 사람들도 잘 살게 하려고 쓸 수 있는 자유, 그러니까 공동체의 복리와 조화를 이루는 자유여야 한다고 말씀했다. 이렇게 말씀하신 백범선생님에게 "선생님의 이념은 진보입니까, 보수입니까?"라고 묻는 사람이 있다면 참으로 어리석은 사람일 것이다.

자유로운 기업 경영을 통해 이윤을 창출해야 하는 것은 매우 소중한 자유다. 자유로운 경쟁과 노력을 통해서 더 잘 되는 기업이 나오고 그에 못 미치는 기업이 나오는 것도 당연하고 마땅한 일이다. 그러나 다른 한편으로는 기업들이 경쟁하는 규칙이 공정하지 못하다면 정부가 나서서 규칙을 공정하게 개선하고 제대로 작동하도록 해야 한다. 경쟁에서 탈락하거나 뒤처진 사람들을 배려하여 재기의 기회를 제공하는 것도 매우 중요하다.

일반적으로 보수라고 하면 기업과 시장에 무제한의 자유를 주려

"더 안전한 현장을 만들고 싶다"

는 입장이라고 생각하기 쉽다. 또한 진보라고 하면 기업과 시장에 대한 규제와 감시를 철저하게 하여 평등 일변도로 나아가려는 입장이라고 여기기 쉽다. 그러나 '새는 두 날개로 난다'고 했다. 자유와 평등이라는 두 날개 중에 어느 하나라도 없으면 자유도 평등도 홀로 유지될 수 없다.

주민들의 구체적인 삶의 현장에는 이념적 구호가 들어설 자리는 없다. 내가 지향해왔고 또한 앞으로도 추구해나가고자 하는 구체적인 문제 해결의 정치, 주민 삶의 질을 향상시키기 위한 생활 밀착 정치라고 말할 수 있다. 주민들이 삶의 현장에서 겪고 있는 구체적인 문제 하나하나를 해결해나가는 정치야말로 국민의 대표로서 국회의원이 필요한 이유라고 확신한다. "당신의 이념은 무엇입니까?" 나는 이 질문을 주신 분에게 이렇게 되묻고자 한다. "질문하신 분이 지금 삶의 현장에서 가장 어렵다고 느끼는 점, 해결되었으면 하는 사항은 무엇입니까?"

거창한 것에서 시작하지 않으려고 한다. 먼 것에서부터 시작하지 않을 것이다. 큰 것부터 붙잡으려고 하지도 않는다. 구호부터 외치지 않겠다. 구체적인 것, 가까운 것, 작은 것에서부터 시작해서 구호가 아니라 실천으로 말하겠다.

지역대표가 갖춰야 할 리더십

유권자들이 직접 참여하는 선거를 통해 대표자를 선출해서 나라와 지역의 현안들을 해결하게 하는 간접민주주의의 핵심은 선거다. 요즈음은 직접 민주주의에 대한 요구와 필요성이 커지고 있으며 평소에 그러한 방향이 옳다고 생각하고 있었다. 주권자의 의사가 제대로 반영되지 못하는 간접민주주의의 확대는 바람직하지 않다. 그럼에도 불구하고 국민의 주권을 위임받는 대리인을 선출하는 선거는 매우 중요한 국가적 대사이다. 국민은 선거에 참여함으로써 주권을 행사하고 대리인을 뽑을 수 있는 기회를 가질 수 있다.

대부분의 국민들은 보통 선거 때가 되어서야 정치에 관심을 갖는다. 누굴 뽑아야 내가 위임해 준 주권을 똑바로 행사해 줄 수 있을까? 생각해 보면 선거의 규모가 커질수록 유권자의 고민은 심각할 필요가 없다. 왜냐하면 대통령 후보나 시장 후보에 거론되는 사람들은 대부분은 정치적으로 유명한 사람들이기 때문이다. 또한 자신이 속한 정당이나 지지하는 정당을 선택 기준으로 하는 경우에는 후보자의 면면을 주의 깊게 살피지 않은 상태에서 선거에 참여하는 경우가 많다.

자신의 주권을 위임할 대표는 바로 지역을 위해 열심히 일해 온 사람, 앞으로도 열심히 일할 것 같은 사람이다. 지역 대표는 삶의 현장에서 주민의 소리를 경청하고 지역의 고질적이거나 새롭게 생긴, 또한 앞으로 발생할 수 있는 문제들까지도 해결하기 위해 열심히 뛰어다녀야 한다. 주민과 늘 함께 하면서 생활하는 데 불편한 곳을 개선해야 한다.

그런데 지역 대표를 자처하는 사람들 중에는 의외로 지역을 잘 모르는 사람, 지역 현안에 어두운 사람, 지역의 문제를 고민한 흔적이 별로 보이지 않는 사람, 지역을 위해 봉사한 실적이 별로 없는 사람, 지역을 외면하고 중앙정치 차원의 문제를 강조하는 사람, 중앙정치 무대나 공직 경력을 과시하려는 사람, 그저 당선이 목적인 사람, 소속정당을 여러 번 바꾼 사람, 지역정치 무대를 발판 삼아 중앙무대로 진출하는 것만이 목적인 사람, 자신의 정치적 이익을 위해 고민하는 사람들이 많다.

지역의 대표가 되어 내가 사는 지역을 보다 따뜻하고 풍요로운 지역으로 바꾸고 싶다는 나에게 특별한 작전은 없다. 열심히 하는 사람을 선택해 달라는 것 외에는. 이 한 마디가 절대적인 나의 작

전이다. 화려한 스펙도 거창해 보이는 경력도 없이 다만 지역 주민들이 나의 진심을 믿어줄 때까지 뛰고 또 뛴다는 각오 하나만으로 준비하고 있다. 진심은 반드시 통하고 열심히 하면 꼭 결과가 나온다는 믿음 하나로 부지런히 뛸 것이다. 그런 나의 진심과 열심을 알아봐 주시고 격려해 주신 많은 주민들에게 감사드린다.

주권을 위임 받은 대표가 그 역할을 성실히 수행하는 것이 중요하지만 그 보다 훨씬 더 중요한 것은 대표를 선택하는 유권자이다. 자신의 대표를 잘 활용하는 유권자가 유능한 유권자이다. 잘못 선출했거나, 잘 선출했어도 그 대표가 일을 잘 할 수 있도록 감시하지 않는다면 헛수고를 하는 셈이다.

주민들은 자신들의 수준에 걸 맞는 대표를 가질 수 있다. 겉으로는 주민들의 의사를 이해하는 것 같지만 주민의 말을 잘 듣지 않는 지역대표, 지역의 현안을 차일피일 연기하는 지역대표, 실제로 일 할 때는 게으름을 피우거나 자꾸만 일을 조금만 하는 지역대표, 심지어 주민들의 재산을 축내거나 자기 주머니에 넣는 지역대표, 만일 이런 지역대표가 있다면 당장 소환하여 해임시킬 수 있는 권한을 주민들에게 부여하는 것도 진지하게 논의해 보아야 할 시점이다. 이런 지역대표는 다음 선거에서 선출하지 말고 주민의 목소리를 귀담아 듣고, 부지런하고, 정직한 지역대표를 선출하면 된다.

지역대표가 주민보다 윗자리에 있는 높은 사람이 결코 아니다. 주민의 심부름꾼이고 머슴이다. 말만 가지고 정치를 하는 사람이 아니라 민생 현장의 문제를 해결해내야 하는 사람이다. 주인인 유권자는 심부름꾼에게 문제를 해결해내라고 요구해야 마땅하다. 주인인 내 말을 들어라 지시하고 부려야 한다. 주인인 유권자의 권리, 주민의 당연한 권리다.

지역대표의 자리를 높은 자리이자 권력으로 여기는 사람은 나서지 말아야 한다. 지역을 알고 현안에 밝은 사람, 지역의 문제를 해결할 대안을 갖춘 사람이 아니라면 꿈도 꾸지 말아야 한다. 지역 발전을 위해 헌신한 적이 없는 사람은 곤란하다. 현장에서 주민과 늘 함께 하며 심부름 할 자세와 각오가 없다면 생각도 말아야 한다. 주민을 모시고 심부름 하는 지역대표의 리더십은 '서번트(servant) 리더십, 섬기는 리더십'이다. '제대로 섬길 줄 아는 사람 어디 없소?' 이 질문에 대해 진지하게 생각하고 최선을 다해서 뛰겠다는 대답을 자신 있게 할 수 있도록 부지런히 뛰는 것만이 나의 목표다.

리더십이라는 말은 매우 자주 쓰인다. 사전을 보면 '집단의 목표나 내부 구조의 유지를 위하여, 성원이 자발적으로 집단 활동에 참여하여 이를 달성하도록 유도하는 능력'이라고 나온다. 리더십에 관한 연구도 대단히 많고 그만큼 리더십의 종류, 유형도 매우 다양하다. 국가를 책임지는 대통령의 리더십, 장관의 리더십, 최고경영자의 리더십, 사령관의 리더십이 각기 다를 것이다. 장관의 경우, 자기가 맡은 부처 업무에 관한 높은 전문성이 필요하다. 이에 따라 국회에서 진행되는 장관 인사청문회에서도 장관 후보자가 전문성을 얼마나 갖추었는지 검증한다. 물론 전문성만으로는 부족하다. 장관은 이른바 정무직이다. 정책과 실무에 대한 전문성 외에도 정무적 감각을 갖추고 있어야 한다. 대통령은 국정 모든 분야에 걸쳐 높은 전문성을 반드시 갖출 필요는 없지만 전체적인 국정에 관한 기본적인 방향을 정하고 중요한 정책에 대해 판단하며 사람을 적재적소에 기용하는 인사 능력은 매우 중요하다. 큰 기업의 최고경영자도 어느 정도는 이와 마찬가지여서 세부 분야의 전문성보다는 큰 틀에서 기업의 방향을 정하고 추진하는 리더십이 중요하다. 한 부서의 책임자로 뛰어난 능력을 펼치는 사람이라 하더라도 기업 전체를 책임지는 자리에서도 반드시 탁월한 역량을 발휘하는 건 아니다. 리더십의 그릇, 범위가 다르기 때문이다.

그렇다면 지역 발전을 위해 필요한 리더십은 무엇일까?

소통 리더십이다. 지역에서의 정책추진이 모두를 만족시킬 수는 없다. 사업에 반대하는 목소리는 항상 존재하는데 이런 반대 목소리에 귀를 닫는 불통 리더십은 바람직하지 않다. 항상 어떤 정책이든 다른 의견과 반대 의견이 나오는 것은 당연하다. 그렇기 때문에 지역 대표는 끊임없이 소통해야 한다. 다른 의견을 항상 경청하면서 합의점을 이끌어 내야 한다. 중요한 것은 한 쪽 귀로 듣고 한 쪽 귀로 흘려버린다면 그것은 소통을 하는 것이 아니라 상대방을 무시하는 것이다. 또한 내가 하고 싶은 말만 해 놓고 충분히 소통하고 있다고 착각해서도 안 된다. 소통은 주고받는 과정을 통해 합의점을 찾아가는 것이다.

다음은 주민중심 리더십이다. 주민의 눈높이에서 주민의 이해와 요구만을 받드는 리더십이다. 오로지 주민에 대해서만 책임지는 리더십이다. 이것이 중요한 까닭은 적지 않은 지역 대표들이 주민보다는 자기 업적 중심으로 흐르거나 자기가 속한 정당의 논리와 관점에서만 지역의 문제를 해결하려하기 때문이다.

물론 정당 소속으로 주민의 선택을 받은 지역대표는 소속 정당의 기본 가치와 방향을 늘 염두에 두어야 한다. 하지만 더욱 중요한 것은 주민이다. 자칫 정당 논리에만 충실하려 하다가 편협한 진영논리에 갇혀 지역의 발전을 저해 할 수 있다. 주민 중심, 주민 최우선의 업무 추진이 기본이다. 자기 업적에만 무게를 두는 것도 위험하다. 주민이익을 위한 업무가 아니라 자기 자신의 정치적 이익을 위한 업무가 되어 버리면 안 된다.

셋째, 현장중심 리더십이다. 지역 대표가 지역을 떠나 중앙정치 현장에서만 활동하는 것과 자치단체장들이 사무실에 앉아 보고만 받거나 서류만 들여다보는 리더십은 바람직하지 않다. 주민이 피부로 느끼는 문제를 지역 대표도 피부로 느껴야 한다. 그러자면 발로 뛰는 수밖에 없다. 부지런히 현장을 찾아야 한다. 보고와 서류에서 나오는 정책으로는 정책 수요자인 주민을 감동시킬 수 없다. 주민의 목소리, 현장의 목소리에서 나오는 정책이어야 한다.

문제도 현장에 있고 답도 현장에 있다. 문제가 있는 곳으로 가야 하고, 해결이 진행 중인 곳에도 가야하며, 해결이 된 곳도 다시 가봐야 한다. 사실 장사하는 점포만 보더라도 이와 크게 다르지 않다. 점주가 자리를 자주 비우고 종업원들에게만 맡기는 점포는 오래 가지 못한다. 고객의 목소리, 점포 운영의 문제점은 결국 점포 현장에 있기 때문이다. 또한 점주가 카운터만 지키는 게 아니라 매장 곳곳을 직접 돌아다니고 손님을 직접 응대해야 한다. 주민의 삶과 밀접하게 관련 있는 지역정치의 기본 중의 기본은 현장중심 리더십이다.

넷째, 역지사지 리더십이다. 지역의 정책과 사업에는 수요자가 있다. 이것은 아무리 목적과 취지가 좋은 정책과 사업이라 하더라도, 사업이 추진되면서 이익을 보거나 손해를 보는 사람이 있다는 뜻이기도 하다. 이상적인 것은 모두가 이익을 보는 것이겠지만 현실적으로는 그렇지 못하다. 설령 실제적인 손해를 보지는 않지만 상대적인 박탈감을 느끼게 되는 경우가 생긴다. 실제 사업이 진행되면서 혜택을 받는 주민과 상대적으로 그렇지 못한 주민들의 입장을 충분히 고려해야 한다. 원래 정했던 목적과 취지가 제대로 실현되고 진행되는지 항상 점검해야 한다. 누구를 위한 정책이고 사업인지 처음부터 끝까지 분명하게 해야 한다. 그렇게 하지 않으면 정책이 용두사미가 되고 사업이 지지부진해질 수 있다. 이 점은 주민중심, 현장 중심 리더십과 긴밀히 연관되어 있다. 소통과 주민중심, 현장중심, 역지사지는 지역을 대표하려는 사람이 되기 위해 반드시 필요한 리더십 요소들이다.

민생과 정치는 하나

정치적으로 불리한 사안이 발생하여 여론이 자기 자신이 속한 정당에 불리하게 작용할 상황이 벌어지면 정당들은 예외 없이 민생을 소리 높여 외친다. 이것이 민생을 외치는 배경이다. 국민 편에서 철저하게 따져 묻고 진상을 정확하게 조사해야 할 사안이 생기면 갑자기 민생을 강조하고 나선다. 이쯤 되면 민생은 정치적 이슈를 덮어버리거나 외면하고 빠져나가려는 수단, 구차한 핑계가 된다. 민생이 도대체 무엇인가? 글자 그대로 국민의 삶이다. 정치가 다루는, 또한 다뤄야 하는 사안들 가운데 '국민의 삶' 아닌 것은 없다. 여의도에서 정치하는 국회의원들에게 '국민의 삶' 외에 정치가 해야 할 다른 그 무엇이 있어서는 안 된다.

본래부터 하나인 민생과 정치를 굳이 분리시켜서 '민생 따로 정치 따로'인 것처럼 말하는 정치인이 있다면 그가 말하는 정치는 무엇인지 되묻고 싶다. 자기가 속한 정당의 정치적 이해관계와 맞지 않는 사안에 대해서는 '민생과 상관없다'라는 식으로 '민생'과 '민생 아닌 것'으로 갈라치기하려는 행태를 너무도 자주 보아왔다. 민생과 대비시켜 흔히 쓰는 말로 정쟁이라는 게 있다. '정쟁은 멈추고 민생에 집중하자'라고 말하는 것이다. 국어사전을 찾아보면 정쟁은 정치에서의 싸움을 뜻한다. 정치는 말과 글로 싸우는 것이

다. 국민의 삶을 더욱 풍요롭게 만들기 위해 어떤 정책, 어떤 제도가 필요한 가를 놓고 다른 의견을 가진 정당들의 싸움이다. 이렇다면 정쟁은 결코 멈추어서는 안 된다. 정쟁이 치열할수록 국민의 삶은 풍요롭게 발전된다. 그런 의미의 정쟁을 그만두자고 한다는 것은 정치인이 정치를 포기하는 것이다.

국민이 바라는 것은 오히려 민생을 위해 여야가 치열하게 '정쟁'하는 모습이다. 더 이상 '정쟁'이라는 말을 민생과 대비시키면서 부정적인 쪽으로 몰아가는 행태는 없어야 한다. 더구나 '국민의 삶'이란 단순히 먹고사는 문제에만 국한되지 않는다. 물론 먹고사는 문제의 중요성은 아무리 강조해도 지나치지 않다. 이처럼 민생 즉

'국민의 삶'이란 그 범위가 매우 넓은 것이고 그래서 민생과 정치는 서로 다른 둘이 아니라 늘 같아야 하는 하나일 수밖에 없다.

이재명 대통령 후보지지 연설문

안녕하십니까? 인천 서구 김대환 법무사입니다.
저는 그동안 ROTC민주포럼과 인천민주화운동계승사업회,
인천 5.3합창단으로 여러분과 같은 방향을 바라보고 있었습니다.
이번 대통령 선거를 앞두고 어르신들이 묻습니다.
어떤 사람을 대통령으로 뽑아야 하냐? 라고 말입니다. 그렇습니다.
어떤 사람, 사람이 어떠하냐가 가장 중요한 기준입니다.
그것은 바로 준비된 사람이어야 하는 것입니다.
준비된 사람, 준비된 대통령 후보 누구입니까 여러분!
평생 동안 대통령을 준비했던 분들이 있었습니다.
김대중 대통령은 대통령 이후까지 준비했던 진정한 준비된 대통령이었습니다. 반면에 김영삼 대통령은 평생 동안 대통령을 준비했음에도 IMF 구제금융이라는 국가위기를 몰고 왔습니다. 이처럼 평생을 준비해도 어려운 대통령이라는 엄중한 자리가 겨우 몇 개월 만에 준비되는 자리라고 할 수 있겠습니까?
진정한 준비된 대통령후보는 누구입니까 여러분!

윤석열 후보는 다음과 같이 말하고 있습니다.

참모를 잘 쓰면 된다고 말합니다.
본인의 무지를 자인하는 말입니다.
원천징수도 모르는 대통령이 국세청장에게 무슨 지시를 하겠습니까?
청약통장을 모르는 대통령이 국토부 장관에게 제대로 된 지시를 할 수 있겠습니까?

공정을 말하고 있습니다.
하지만 가혹한 특수통 수사 검사였지만
정작 자신과 가족에는 지극히 관대한 공정을 진정한 공정이라고 말할 수 있습니까?

상식을 말하고 있습니다.
구둣발을 열차 객석에 올리는 것이 상식입니까?
일반 선진국민의 자세입니까?

파쇼를 말하고 있습니다만 총칼을 대신한 법의 칼날로 오히려 검찰파쇼를 기획하고 있습니다. 검찰정권을 막아내야 합니다.

준비된 대통령 후보, 사람다운 대통령 이재명 후보에게 여러분의 소중한 한표를 행사해 주십시오.
경청해 주셔서 감사합니다.

2022년 4월

인천서구 김대환 법무사 / 후보직속 총괄특보단 국방안보특보 /
대전환시민캠프 인천공동대표
기본사회위원회 인천부위원장

김대중 대통령과 노무현 대통령

김대중 대통령은 김영삼 대통령과 정치적 라이벌 관계를 유지하며 같은 시대를 살았지만 리더십 스타일은 다르다. 김영삼 대통령이 직관에 의존하는 정치적 승부사라면, 김대중 대통령은 세부적인 것까지 꼼꼼하게 챙기고 전체적인 것을 완전히 장악하면서 일을 추진했다. 김대중 대통령을 직접적이든 간접적이든 경험해 본 사람들은 모두가 그 분을 "정말 부지런하고 치밀하다"라고 말한다. 60,70년대까지만 해도 정치인들이 요정에서 자주 모이곤 했다. 국회 상임위원회가 끝나면 해당 부처 공무원들과 국회의원들이 요정에서 모이기도 했다. 사실상 부처에서 국회의원들을 접대하는 자리였던 것이다. 자리 성격이 그러하니 다들 술 먹고 노는 분위기인 것이 당연하다. 그런데 김대중 대통령, 당시로서는 김대중 의원만은 공무원에게 국가재무 운영에 관한 사항을 물어보더라는 것이다. 술자리에서조차 공부하면서 소관 사항을 챙기는 근면함과 치밀함이 돋보이는 일화가 아닐 수 없다.

김대중 대통령은 사상가적 면모로도 유명하다. 김대중 대통령은 대통령이 되기 전인 1994년 세계적인 외교 전문지 <포린어페어> 11월호에 동양의 전통 사상이 민주주의 이념을 담고 있다는 것을 강조하는 글을 기고하기도 했다. 글에서 김대중 대통령은 고대 중국의 사상가 맹자가 설파한 민본주의를 서양의 주권재민 사상에

견주어 볼 수 있으며, 우리나라의 동학이 인간의 존엄성을 강조하는 인내천(人乃天) 사상을 펼쳤다고 지적했다. 또한 '민심이 천심이며, 백성이 곧 하늘이다.'라는 생각이 동아시아 사람들에게 깊이 뿌리 박혀 있음도 강조했다. 이는 동아시아에는 근대 서양의 민주주의 전통이 없기 때문에 권위주의 리더십이 발전 모델로 적합하다는 식의 주장에 대한 반박이었다. 동아시아 민주주의, 한국 민주주의의 역사적, 전통적 뿌리가 든든하다는 점을 강조함으로써 민주화 운동의 사상적 정당성을 뒷받침하는 주장이기도 했다. 우리나라의 역대 대통령 가운데 이 정도로 역사와 철학사상에 해박한 지도자는 없었다. 김대중 대통령은 정말로 '준비된 대통령'이었다.

한편 노무현 대통령은 자연적인 나이, 즉 연령 세대로만 보자면 탈권위주의 리더십을 체득하고 실천하기 어려운 세대에 속한다. 그러나 그분은 자연 연령에 따른 자신의 세대와 다르게 정신적, 실천적으로는 이른바 386세대에 속하였다고 볼 수 있다. 김대중 대통령만 하더라도 이른바 동교동계라는 이름으로 대표되는, 일종의 보스와 부하 관계로 이루어진 정파를 이끌었다. 그 분이 속한 세대에서 현실정치는 그럴 수밖에 없던 측면이 크다. 김대중 대통령은 카리스마를 지닌 사실상 마지막 대통령이기도 했다. 우리 현대사의 굴곡진 고비들을 온몸으로 겪어오면서 또 그것을 극복해 오면서 뭇 사람이 지닐 수 없는 지사적(志士的) 분위기와 카리스마를 갖추게 된 분이다. 김대중 대통령 정도의 강력한 카리스마를 지닌 정치인은 이제 찾아보기 어렵게 되었다.

그의 자서전에서 '국민으로부터 고립된 뜀박질은 실패를 향한 돌진'이라고 알려 주신 김대중 대통령. 존경하는 정치인이 누구냐는 질문을 받을 때가 가끔 있다. 솔직히 어느 한 사람으로 확정하여 말하기 어렵다. 한국 민주주의와 평화의 맥을 이어온 김대중 전 대통령, 노무현 전 대통령 모두 존경하지만 그분들의 리더십은 다르다. 이 가운데 우리나라 정치의 명실상부한 거목이자 산맥이었던 김대중 전 대통령을 생각해 본다.

그 분이 존경받는 정치인인 까닭은 무엇일까? 그 분이 어려운 사람, 사회적인 약자, 차별 받는 사람, 서민의 입장을 대변하고 그런 사람들의 목소리를 정책에 반영하기 위해 노력했다는 점이다. 예나 지금이나 정치인들 대부분이 입만 열면 서민을 말하곤 하지만 정말로 서민을 대변하기 위해 노력하는지 들여다보면 그렇지 못한 경우도 참 많다. 입으로만, 선거 때만 서민을 말하는 정치인이 많다는 것이다.

이에 비해서 김대중 전 대통령은 오랜 정치인 생활을 통하여 많은 어려움을 겪고 갖은 오해에 휩싸이면서도 비교적 일관되게 서민과 약자를 대변했다. 김대중이라는 이름 세 글자는 자연인 김대중의 이름이기도 하지만 서민과 약자들에게 정치를 통하여 변화를 이룰 수 있다는 희망의 상징이기도 했다.

그 분은 또 늘 노력하는 정치인이었다는 사실이다. 그 분은 초선의원 시절부터 끊임없이 공부하면서 광범위한 지식을 쌓은 것은 물론이고 그런 지식을 현실 정치와 접목시켜 구체적인 정책과 대안을 제시하는 정치인이었다. 대통령 재임 시절에도 국정 현안들에 관해서 늘 직접 철저하게 챙기고 검토했다는 것은 널리 알려져 있는 사실이다. 사실 정치인 생활을 오래 하다 보면 요령과 수단이 늘어서 게을러지기 쉬울 것이다. 부하들에게 적당히 맡겨 놓고 자기 스스로는 노력하지 않는 정치인이 되기 쉽다는 것이다. 평소에 노력하지 않다가 선거 때만 서민을 위한 척해서 당선되면 그만이라는 정치인들도 많을 것이다. 김대중 대통령은 그런 태도와는 거리가 멀어도 한참 먼 정치인이었다.

김대중 전 대통령은 용기 있는 사람이었다. 그 분이 일본에서 우리나라 정보기관원들에게 납치 당해 바다에 빠트려져 죽임을 당할 뻔했던 이야기는 널리 잘 알려져 있다. 독재정권 시절 억울하게 투옥되어 옥고를 치러야 했음은 물론이고 사형 판결을 받기까지 하였으며 강요된 망명을 떠나기도 했다. 생사를 넘나드는 고비를 그렇게 겪으면서도 소신을 잃지 않고 용기 있게 독재와 맞서 싸운다는 것은 아무나 할 수 있는 일이 결코 아니다.

정책 측면에서 김대중 대통령은 한국형 복지국가의 설계자였다. 지금은 당연시되는 국민기초생활보장법, 국민연금, 국민건강보험 등은 모두 그분이 이끈 혁명적 변화였다. 김대중 대통령 시대 전 공공의 복지제도는 실업과 빈곤의 안전망으로는 턱없이 미비했던 상황이었다. 박정희 정권 때인 1961년 제정된 '생활보호법'에 따르면, 18세 이상 64세 이하는 특별한 사정이 없는 한 아무리 빈곤해도 현금을 지원받을 수 없었다. '일할 능력'이 있다는 이유였다. 일할 능력이 있어도 일할 수 없는 수많은 실업자는 복지제도에서 완전히 배제되었다.

김대중 대통령의 국민의 정부는 '민주주의와 시장경제의 병행 발전' 그리고 '생산적 복지'를 국정지표로 삼았다. 이전 시대까지 복지는 가난한 사람에 대한 국가의 시혜로 여겨졌고 국가 재정의 측면에서 보면 그냥 땅으로 사라지는 돈, 즉 '낭비'에 불과했던 시절이었다. 그래서인지 현금 형태로 제공되는 '복지급여'의 수는 물론 그 규모도 매우 적었다. 김대중 대통령은 자서전에서 복지를 '시장경제의 부작용, 폐해를 시정하고 보완'하는 장치라고 말했다. '복지는 자선이 아니라 인권인 것이고 복지는 수혜자들에게 자활 의지를 북돋아준다. 복지를 통해 경제성장이 이루어진다.' 즉 복지는 생산적이냐 비생산적이냐를 따지기 전에 인권, 즉, 인간의 기본권인 것이다.

더욱이 복지는 생산적이다. 시장 실패를 시정해서 망가진 경제 시스템을 복구하고 작동시키며 경제의 기본 단위인 '사람'이 창의적으로 일해서 생산성을 높일 수 있도록 해 준다. 그래서 생산적 복지인 것이다. 인권으로서의 '복지'라는 김대중 대통령의 생각은 2000년 10월부터 시행된 국민기초생활보장법으로 결실을 맺게 된다. '생활이 어려운 자에게 필요한 급여를 행하여 최저 생활을 보장하는' 제도이다. 이 제도는 수혜자가 보험료를 내야 지급되는 보험이 아니다. 문자 그대로 '생활이 어려운 자'에게 제공되는 공공부조이다. 대한민국 국민은 누구든 최소한의 인간다운 생활을 누릴 권리가 있기 때문이고 이 제도에 따르면 연령과 일할 능력의 유무에 관계없이 소득인정액이 최저생계비보다 적으면 자활공동체 사업 등에 참여하는 조건으로 국가의 지원을 받을 수 있다.

제도 시행 첫해인 2000년, 4인 가구의 월 최저생계비는 93 만원이었다. 소득인정액이 93만 원 미만인 경우 국가가 그 차액을 지원했다. 다만 수급권자를 부양할 의무가 있는 자녀나 부모 등이 있는 경우 지원을 받을 수 없다는 '부양의무자' 기준은 유지했다. 또한 김대중 정부는 이 제도를 '자활'과 연계하여 일할 능력이 있는 사람은 일을 해야만 지원받을 수 있게 했다. 그리고 일해서 최저생계비 이상을 벌면 국가의 지원을 받을 필요가 없는 '일 할 유인'과 '자활 계획'을 강조하는 '근로 연계 복지' 제도였다.

이 법의 탄생은 비로소 복지라는 개념이 '시혜적 보호'에서 '국가의 의무'이자 '시민의 권리'로 바뀌었다는 것을 의미한다. 당시로서는 거의 혁명적 변화였고 심지어 집권 여당 내부에서도 엄청난 반발이 있었다. 참여연대 등 시민단체와 한국노총과 민주노총 등 양대 노총이 벌인 국민기초생활보장법 제정 운동이 큰 기여를 했지만 재정 당국은 예산이 급증할 것을 우려해 반대했고 법안 통과는 어려운 상황이었다. 이때 대통령이 동력을 만들어낸 주인공이었다.

1999년 6월 "국민기초생활보장법을 만들어 국민이 생활에서 안심하고 살아갈 수 있도록 국가가 대책을 세우겠다."라는 김대중 대통령의 발언 이후 법안 통과는 기정사실이 되었다. 보수층 일각에서는 '사회주의적 접근 방식'이라고 공격했고 정부 내에서도 시기상조라는 의견이 많았다. 하지만 김대중 대통령은 기초생활보장법에 서명하면서 이렇게 말했다. "우리 사회에서 돈이 없어 굶어 죽거나 돈이 없어 공부를 못하는 일이 없게 된 것을 기쁘게 생각합니다."

4대 보험(산재, 의료, 고용, 연금)은 국민기초생활보장제도와 함께 '김대중 복지'의 또 다른 핵심 축이었다. 산재보험과 의료보험은 박정희 정권, 국민연금은 노태우 정권, 고용보험은 김영삼 정권 때 시행했다. 그러나 노태우 정권 때 '전 국민'으로 확대된 의료보험을 제외하면 3개 사회보험은 '전 국민' 대상으로 확대되지 못하고 있었다. 의료보험도 지금 우리가 아는 '국가 단일 건강보험'이 아니었다. 4대 보험은 김대중 정부에 이르러서야 전 국민을 대상으로 하는 사회안전망의 기틀을 확립했다. 고용보험은 1998년 10월, 산재보험은 2000년 7월부터 1인 이상 모든 사업장으로 확대 적용되었다.

『김대중 자서전』에서 깊이 감명 받은 부분이 적지 않지만 그 중에서 다음 말들이 더욱 깊이 와 닿는다. 앞으로 정치에 헌신하고 싶은 나에게는 금과옥조처럼 새겨야 할 말씀이다.

> 민심보다 앞서 뛰거나, 뒤처져 낙오해서도 안 된다. 국민으로부터 고립된 뜀박질은 실패를 향한 돌진에 다름 아니다. 목적이 정

의롭고 고상할수록 '국민과 함께'라는 방법상의 원칙은 더욱 지켜야 한다고 생각한다.
정치인으로서 훌륭하게 성공하려면 다른 분야도 그렇지만 서생적 문제의식과 상인적 현실 감각을 가져야 한다고 생각한다. 서생적 문제의식, 즉 원칙과 철학의 확고한 다리를 딛고서서 그 기반 위에서 상인적 현실감각을 갖춰야 한다.

한편 노무현 대통령은 공공적 대의(大義)를 이루기 위해 그야말로 뜻을 같이하는 다분히 수평적인 동지적 관계를 유지했다. 상명하복이 아니라 수평적인 토론을 활성화시키는 리더십이었던 것이다. 바로 이런 점이 노무현 대통령과 그 전 정치 지도자들 사이의 가장 큰 차이점이다. 우리 정치사에서 그런 리더십을 본격적으로 실천한 분은 노무현 대통령이 유일했다고 생각한다. 어떤 의미에서는 노무현 대통령이 시대를 많이 앞서 걸어간 셈이다. 우리나라의 일반적인 정치 문화나 사회 정서에 비추어 보면 노무현 대통령은 지금 기준으로 볼 때도 파격적인 측면이 없지 않았다.

노무현 대통령 연설대회 대상
전민족대회 성사와 한반도 평화를 위한 10.4 선언 10주년 기념
인천시민대회

우리 당을 사랑하는 당원, 시민 여러분!
지난 2년 동안 정말 얼마나 애를 태웠습니까? 여론조사만 하면 우리는 항상 2등 이었습니다. 우리 당은 패배감과 실망에 빠져 기죽어 지냈습니다. 그런데 이게 어찌 된 일입니까? 우리 당이 앞서고 있지 않습니까? 각종 여론조사에서 우리가 압도적으로 이긴다고 말해주고 있습니다. 우리 당이 잘되고 후보가 잘된다는데 이것을 끌어내리지 못해 안간힘을 써서야 되겠습니까? 제게 용기를 주십시오.

아직 대선이 많이 남았습니다. 그동안 제가 검증을 거치지 못해 무너지지 않을까 불안해하십니다. 하지만 안심하십시오. 저는 선거 6번 하는 동안 야당으로서 보안사, 안기부 검증 다 받았고 지난 10년간 정치하면서 언론에 굽실거리지 않고 당당히 맞서 수구언론으로부터도 철저한 검증 받아왔습니다.

사상 얘기를 하는데 저는 군대에 입대해서 바로 북한과 마주보는 최전선 GP초소에서 근무했습니다. 제 아들도 박격포 메고 박박 기다 돌아왔습니다. 안보관과 국가관 조금도 하자 없습니다. 저는 이 나라를 사랑합니다. 대한민국을 사랑합니다.

흑색선전으로 저를 주저앉힐 수는 없습니다. 나라 번영을 이끌어갈 비전을 가지고 있습니다. 전략도 있습니다. 저는 참모들이 써주는 정책을 보고 읽는 수준이 아니라 무엇보다도 진실과 지난 15년간 지킨 소신과 용기 굳건한 지조가 있습니다.

과연 제가 대통령이 되면 무엇을 잘 할 수 있을까? 저도 비전과 전략이 있습니다. 다른 분이 가지지 않은 밑천도 가지고 있습니다. 저는 실패를 많이 해 본 사람입니다. 여러 번 시험에서도 선거에서도 떨어져 봤습니다. 떨어진 사람은 실패한 사정 잘 알고 있습니다. 그 실패한 경험으로 다시는 실패하지 않는 나라를 반드시 만들어 나가겠습니다.

저는 여러 어려움을 이겨낸 사람입니다. 그러나 어려움을 딛고 이겨낸 것이 중요한게 아니라 그 뒤에 어떻게 살아왔느냐가 중요합니다. 성공한 뒤에 친구를 외면하고 힘없는 사람 외면하는 사람이 있습니다. 그러나 저는 가난하고 약한 사람을 외면하지 않고 불의한 정권과 맞서 싸웠습니다. 그래서 자격도 정지되고 감옥에 가기도 했습니다. 저는 대통령이 되더라도 나라가 잘 사는 나라, 경쟁력 있는 나라 만들겠지만 몇몇 사람들만 잘 사는 나라가 아니라 모두가 잘 사는 나라, 가난하고 힘없는 사람들도 당당하게 살 수 있는 나라를 만들기 위해 제 몸을 바치겠습니다.

음모론, 색깔론 그리고 근거 없는 모략, 이제 중단해 주십시오. 한나라당과 조선일보가 입을 맞춰 헐뜯는 것 방어하기도 힘이 듭니다. 제 장인은 좌익 활동 하다 돌아가셨습니다. 해방되는 해 실명해서 무슨 일을 얼마나 했는지 모르겠지만 결혼 한참 전에 돌아가셨습니다. 저는 그 사실을 알고도 결혼했습니다. 그래도 아이들을 잘 키우고 잘 살고 있습니다. 뭐가 잘못되었습니까? 이런 아내를 버려야겠습니까? 그러면 대통령 자격 생깁니까?

이 자리에서 여러분이 심판해 주십시오. 여러분이 자격이 없다고 하신다면 대통령 후보 바로 그만두겠습니다. 그렇지만 여러분이 하라고 하면 열심히 하겠습니다.

언론 국유화 과거에도 앞으로도 결코 그런 생각해 본 적 없습니다. 대통령이라도 할 수 있는 일이 있고 할 수 없는 일이 있습니다. 감히 어떻게 그런 얘기를 할 수 있겠습니까? 이치에 닿지도 않는 얘기입니다. 언론의 압력에 굽히지 않는다고 이렇게 공격당하고 있습니다. 언론에게 고개 숙이고 비굴하게 굴복하는 대통령이 되지 않겠습니다. 도와주십시오.

동아, 조선은 우리 당 경선에서 당장 손을 떼십시오. 감사합니다.

"여러분이 심판해주십시오. 여러분이 자격이 없다고 하신다면 대통령후보 바로 그만두겠습니다. 그렇지만 여러분이 하라고 하면 열심히 하겠습니다." -노무현 대통령 후보 연설문에서

많은 국민이 그러한 노무현 대통령의 리더십을 신선하게 여겼지만 그런 면모를 불편하게 느끼는 사람들도 있었다. 노무현 참여정부와 각을 세운 일부 언론 매체들은 노무현 대통령의 파격적인 면모들을 부정적인 것으로 부각시키기도 했다.

그러나 노무현 대통령의 탈권위주의적인 리더십 스타일이 우리 사회에 알게 모르게 미친 긍정적 영향이 크다. 더 이상 철 지난 권위주의 리더십, 수직적으로 군림하는 리더십으로는 복잡해지고 다원화된 우리 사회를 이끌 수 없게 된 것이다.

『운명이다: 노무현 자서전』은 노무현 대통령의 서거 1주기에 출판된 '사후 자서전'이다. 고인이 남긴 서서와 미발표 원고, 메모, 편지, 그리고 각종 인터뷰 및 구술 기록을 토대로 출생부터 서거까지를 시간 순으로 정리한 일대기이다.

> 남들은 성공한 인생이라 했을 것이다. 그러나 나는 그렇게 말할 자신이 없다. 인생에서 성공은 무엇이고 실패는 또 무엇인가? 눈에 보이는 기준이 있는 것인지 모르겠다. 굳이 성공과 실패를 따지고 싶지 않다. 돌아보면 나는 한 인간으로서 최선을 다해 살았다. 때로 제어하기 힘든 분노와 열정에 사로잡혀 피할 수도 있었던 상처를 받거나 입힌 일도 있었다.
> 하지만 나는 언제나 양심과 직관이 명하는 바에 따라, 스스로 당당한 사람으로 살고자 몸부림쳤다. 그것으로 충분하지 않을까? 어쨌든 나는 작은 흙집에서 났고, 거기에 새로 지은 큰 집으로 돌아왔다. 나는 이 집에서 살다가 죽을 것이다. 이것이 내 운명이다.
>
> — **프롤로그** 중에서

세상이 바뀌긴 했는데 좀 이상하게 바뀌었다. 군사정권은 남의 재산을 강탈할 권한을 마구 휘둘렀는데, 민주 정부는 그 장물을 되돌려 줄 권한이 없었다. 과거사 정리가 제대로 안 된 채 권력만 민주화되어 힘이 빠진 것이다. 부당한 기득권을 가진 사람들한테 더 좋은 세상이 되어버렸다.
억울하지만 이것이 우리 역사의 한계일 것이다.

— 1부, **'2 은인 김지태 선생'** 중에서

영남에서는 모든 인재와 자원이 한나라당으로 몰린다. 호남에서는 민주당으로 몰린다. 그 지역에서는 다른 정당을 통해서 국회에 진출하는 것이 사실상 불가능하다. 그 반작용으로 충청도에서도 지역당이 끈질긴 생존력을 유지했다. 수도권 유권자들 사이에서도 부모와 자신의 출신 지역에 따라 투표하는 경향이 강하게 나타난다. 정책개발보다는 다른 지역 정당과 지도자에 대한 증오를 선동하는 것이 훨씬 효율적인 선거운동 방법이 된다. 정책의 차이가 감정싸움으로 번지고, 감정싸움은 몸싸움으로 전환된다.
모든 정당에서 강경파가 발언권을 장악한다. 대화와 타협의 정치가 발붙이기 어렵다. 국회의원을 대폭 물갈이해도 소용이 없다. 이것이 내가 20년 동안 경험한 대한민국정치의 근본 문제였다.

— 3부, **'1 대연정 제안'** 중에서

이명박 대통령의 청와대와 검찰, 조중동을 비롯한 보수 언론은 나의 실패를 진보의 실패라고 조롱했다. 노무현의 인생만이 아니라 부림사건 변론을 맡았던 이래 내가 했던 모든 것을 모욕하고 저주했다.

민주화 운동과 시민운동, 그리고 대통령직 5년을 포함한 정치 20년, 그 모든 것에 침을 뱉었다. 재판이 다 끝날 때까지 그런 일이 끝없이 되풀이될 것이다. 그들은 나의 실패를 진보의 실패로 만들 것이다. 나는 처음부터 이것이 가장 두려웠다. 그래서 수십 년 동안 나를 도와주고 나와 함께 무엇인가를 도모했던 분들을 향해 말했다. 노무현의 실패가 진보의 실패는 아니라고, 노무현은 이미 정의니 진보니 하는 아름다운 이상과 어울리지 않는 이름이 되었다고, 노무현은 헤어날 수 없는 수렁에 빠졌으니 노무현을 버리라고.

— 4부, **'7. 노무현의 실패는 노무현의 것이다'** 중에서

박정희 대통령의 제왕적 권위주의, 김영삼 대통령의 정치적 직관력과 타이밍을 잘 타는 승부사 스타일, 김대중 대통령의 사상가적 깊이와 실무적 치밀함, 그리고 노무현 대통령의 역사의 진보를 앞서 고민하고 또 앞당기려 하였던 탈권위주의 리더십. 이러한 리더십 스타일은 각 시대의 특수성이나 과제, 그리고 한계에 따라 장단점을 모두 지녔을 것이다. 역대 정치 지도자들의 리더십 스타일 중에서 장점만 가려 뽑아서 다 갖춘 정치 지도자가 있다면 좋겠지만, 그건 현실적으로 불가능한 일이다. 더구나 사회 변화가 무척 빠르기 때문에 예전엔 장점이었던 것이 오늘날에는 단점이 될 수도 있다.

영화 '변호인'

캠핑과 낚시와 천렵 이외의 문화생활이 없었던 어느 날, 거의 10여 년 만에 옆자리에 함께 한 아내가 눈치챌까 봐 조심스럽게 훌쩍이면서 보았던 영화 '변호인'. 법무사 시험 준비를 하던 수험생활

생각에 무전취식했던 변호사 노무현이 국밥집 사장(김영애 배우분)을 식당에서 만나는 장면에서 울컥했다. 선수용 요트장면은 평소 캠핑을 좋아하는 나를 보는 듯했고 주인공이 동창회에서 기자친구 이성민과의 다툼과 국밥집 아들 임시완과 '계란이 병아리 되어 바위 넘는다.'라는 대사의 복선.

야학 활동을 하던 임시완의 실종과 어머니 김영애의 호소와 주인공의 번뇌 '아들에겐 다른 세상을' 구치소에 수감되어 있던 임시완과 대면하는 장면에서 고문 흔적을 발견한 김영애의 오열하는 모습에서 또 한 번 울컥했다. 변론을 준비하는 과정에서 이른바 불온서적을 탐독하게 된 주인공의 변화와 헌법과 형사소송법에 근거한 촌철살인의 변론 장면에서의 대사 '국가란 국민입니다!' 스스로 피고인이 되어 홀대하던 부산 변호사 2/3의 자발적 변론을 이끌어 냈던 장면. 그리고 마지막 대한민국 헌법 제1조 제2항 '대한민국의 주권은 국민에게 있고, 모든 권력은 국민으로부터 나온다.'

영화 변호인은 우리나라의 정치 현실을 인간 노무현이라는 창을 통해 바라볼 수 있었던 소중하게 간직하고 싶은 추억이 되었다.

김구 선생의 『백범일지』

국민의 마음을 사로잡고 그것을 통합해낼 수 있는 생각과 비전을 하나로 모아볼 때가 있다. 대표적인 시기가 선거 때이다. 유권자들, 주민들의 마음을 사로잡기 위한 치열한 경쟁이 펼쳐지고 경쟁에서 성공하려면 어떻게 해야 하나? 전문가들에 따르면 자신이 전하고 싶은 메시지에 관해 완벽하게 이해하고 있는 사람일수록 오히려 그 메시지를 처음 접하는 사람들에게 잘 전달하기 어렵다고 한다. 왜일까? 낯선 곳에서 길을 물어보면 이미 길을 아는 사람이 자세히 설명해주어도 이해가 잘 가지 않을 때가 있다. 그 사람은 익숙한 곳이지만 정작 그 내용을 듣고 있는 나에게는 낯선 곳이기 때문일 것이다. 구체적인 비전이나 메시지를 이야기로 엮어서 상대방의 감성에 호소하는 것이 좋다고 한다.

백범 김구 선생의 자서전『백범일지』는 바로 그러한 사례가 아닐까 싶다. 백범 선생이 많은 국민들 마음에 살아 있는 까닭은『백범일지』에서 볼 수 있는 삶의 이야기가 신뢰감을 주면서 민족의 자주독립과 문화국가 실현, 사해동포(四海同胞)의 비전과 메시지가 사람들의 감성을 사로잡았기 때문이다. 김구 선생이 당장의 정치적 이해득실만 따지며 작은 것에 집착했다면, 우리 마음에 자리 잡기 어려웠을 것이다. 리더가 되고자 하는 이라면 그런 김구 선생을 본받아야 한다. 국민의 마음을 사로잡고 그것을 통합해낼 수 있는 크고 높은 비전이 필요하다. 김구 선생은 '진정한 세계의 평화가 우리나라에서, 우리나라로 말미암아서 세계에 실현되기를 바란다.'라고 말했다. 또한 우리 민족의 독립이 '세계 전체의 운명에 관한 일이요, 우리나라의 독립을 위하는 것이 곧 인류를 위하여 일하는 것.'이라 말했다. 선생의 말을 옮겨본다.

> 우리의 적이 우리를 누르고 있을 때에는 미워하고 분해하는 살벌, 투쟁의 정신을 길렀었거니와, 적은 이미 물러갔으니 우리는 증오의 투쟁을 버리고 화합의 건설을 일삼을 때다. 집안이 불화하면 망하고, 나라 안이 갈려서 싸우면 망한다. 동포간의 증오와 투쟁은 망조다. 우리의 용모에서는 화기가 빛나야 한다. 우리 국토 안에는 언제나 춘풍(春風)이 태탕(駘蕩)하여야 한다.
>
> —「**나의 소원**」 중에서

많은 정치인들이 국민통합의 중요성을 말하면서 실제로는 각자의 정치적 이해득실에 따라 분열하고 갈등하는 경우를 자주 본다. 지역과 계층, 세대, 이념, 성별 갈등을 극복하여 진정한 국민통합을 이뤄나가려면 김구 선생의 대통합의 정신을 다시금 깊이 되새겨야 한다.

삶을 즐겁게 만드는 정치. 세종대왕의 애민(愛民)

애민(愛民) 정신이라고 하면 세종대왕이 가장 먼저 생각난다. 세종대왕이 훈민정음을 창제한 것도 백성들이 자기 뜻을 표현할 수 있도록 한다는 애민 정신에 바탕을 두었다. 세종대왕은 훈민정음 창제 동기를 다음과 같이 천명했다.

> 백성들이 말하고자 하는 바가 있어도 마침내 제 뜻을 펴지 못하는 사람이 많다. 내가 이것을 가엾게 생각하여 새로 스물여덟 글자를 만드니, 모든 사람들로 하여금 쉽게 익혀서 날마다 쓰는 데 편하게 하고자 할 따름이니라.

세종대왕의 경제 정책이나 과학기술 진흥책 거의 모든 정책에 백성을 먼저 생각하는 애민 정신이 깔려 있다. 세종대왕은 '백성들을 위한' 정치만 펼친 것이 아니라 '백성들에 의한' 정치도 펼쳤다. 물론 근대적 의미의 민주주의와는 거리가 멀었지만 백성들의 여론을 조사하여 정책 시행을 결정했던 것이다. 1430년 세종대왕은 토지의 질이나 농사의 풍작 여부와 상관없이 똑같은 세금을 내도록 하는 새로운 세법인 공법 실시에 대한 여론조사를 실시했다.

호조가 5개월간 총 17만 2,648명의 백성들을 대상으로 조사를 실시한 결과, 찬성 9만 8,657명, 반대 7만 4,149명이었고 이에 따라 세종은 '백성들이 좋아하지 않으면 이를 시행할 수 없지만, 좋다는 사람이 많으므로 법을 시행한다.'라고 공포했다. 지금처럼 과학적인 표본추출에 의한 여론조사는 물론 아니었겠지만, 백성들의 뜻에 따라 정치를 하려고 했던 세종의 진면목을 엿볼 수 있다.

우리 역사를 통틀어서 성군에 가장 가까운 군주가 바로 세종대왕이며 그것은 곧 세종대왕이 백성을 아끼고 사랑하며 배려하는 정치를 펼쳤기 때문이라는 관점에는 분명 일리가 있다. 그러나 진정으로 애민하려면 먼저 여민(與民), 즉 백성들과 함께 해야 한다는 것이다. 제대로 여민한다는 것은 백성들의 구체적인 삶의 현장에서 함께 부대끼며 그들의 불편과 괴로움을 이해한다는 것을 뜻한다.

> 나라는 백성으로 근본을 삼고 백성은 먹는 것으로 하늘을 삶으니 농사라는 것은 옷과 먹는 것의 근원이요, 정치에서 무엇보다도 가장 힘써야 할 것이다. 오직 그것은 백성을 살리는 대명에 관계되는 까닭에 천하의 지극한 노고를 복무케 하는 것이니 위에 있는 사람이 성심으로 이끌지 않는다면 어찌 백성들로 하여금 부지런히 힘써서 농사에 종사하여 그 생생지락(生生至樂)을 완수할 수 있겠는가.
>
> — **『세종실록』**, 세종26년 윤7월 25일

농업이 경제생산의 절대적인 부분을 차지하는 조선 시대에는 농업이 곧 민생이었다. '백성은 먹는 것으로 하늘을 삼는다'는 말은 곧 '국민은 경제로 하늘을 삼는다.'는 뜻일 것이다. 민생을 살리는 일이야말로 '천하의 지극한 노고'로 복무해야 하는 일이다. 세종대왕의 민생 최우선의 가치는 오늘날에도 정치인들, 공직자들이 깊이 되새겨야 하겠다.

또 하나 눈여겨볼 대목은 생생지락(生生至樂)이라는 말이다. 글자 그대로 풀이하면 '사는 즐거움'을 뜻한다. 백성들이 생업에 열심히 종사하면서 사는 즐거움과 보람을 느끼도록 하는 것이 정치의 궁극적인 목표라는 것을 강조한 것이다. 무엇을 위해 정치를 하는 것인가? 정치가 지향해야 할 방향은 무엇인가? 이런 질문에 대한 분명한 답이기도 하다.

만일 국민들이 미래에 대한 불안을 느끼며 희망을 찾지 못하고 있다면 국민들이 살아가는 즐거움을 누리기보다 하루하루 살아가는 것이 고통의 연속이라면 그 책임은 정치에 있다.

주민 한분 한분의 삶이 어제 보다 더 나아지도록 심혈을 기울이는 정치, 그것이야말로 세종대왕이 강조한 생생지락의 정치일 것이다.

반드시 청렴해야 한다

정약용의 청렴 제일주의

비리를 범하는 사람들이 대는 핑계를 보면 자신이 저지르는 일이 비리가 아니라고 생각하는 경우가 있다. '이 정도면 관행이 아니냐?'라는 태도를 보이는 사람도 있다. 이에 관해서 특히 청탁과 민원을 혼동하는 사람들이 생각보다 엄청나게 많다.

주민들이 억울한 일을 당했을 때, 특히 기존 법과 제도의 틀 안에서는 해결하기가 어려운 탓에 더욱 억울할 때 주민을 대변하는 지역대표를 찾아가거나 행정 관청을 찾아가 민원을 제기하는 것은 정당한 일이다. 또한 그러한 민원을 접한 지역대표나 행정 공무원은 법과 제도의 테두리에서나마 최선을 다하여 주민의 억울함을 풀어드리기 위해 노력하는 것이 마땅하다. 민원 해결은 선출직이든 임명직이든 공직자의 중요한 역할이자 의무라고 할 수 있다.

문제는 청탁이다. 인허가 청탁, 인사 청탁, 기타 다양한 유형의 청탁이 있는데 청탁과 민원을 어떻게 구분할 수 있을까? 서럽고 어렵고 억울한 상황에 놓인 주민의 호소와 문제 제기는 민원이다. 이미 가진 것이 제법 있는 사람이 더 가지겠다며, 그러니까 이익을 취하겠다며 부탁해 오는 것은 청탁이다. 어려운 처지의 주민이 억울함을 호소하면서 대가를 주겠노라 말하는 경우는 사실상 없다. 반면 청탁의 경우에는 이익을 취하려드는 것이니 그 이익의 일부를 주겠노라 약속하는 경우가 대부분일 것이다. 민원이 아닌 청탁의 유혹에 넘어가버려 놓고서, 자신은 민원을 해결해 준 것뿐이라고 억지를 부리는 사람들이 있다.

공복의 바람직한 자세를 스스로도 보여주었고 다른 이들에게 가르침으로도 남기신 다산 정약용 선생은, '청렴함은 공직자 본연의 일로서 온갖 선의 근원이고 모든 덕의 근본이며, 청렴하지 않고서 공직자 노릇을 제대로 한 사람은 아직 없다.'라고 말씀하셨다.

그런 다산 선생은 나이 마흔에 유배 길에 올라 16년 동안이나 유배 생활을 했다. 가족과 떨어져 긴 세월 유배 생활을 해야 했던 선생의 괴로움을 그 누가 안다 할 수 있을까? 그런데 어느 날 선생의 장남이 유배지로 편지를 보내왔다.

> 아버님, 고통이 얼마나 크십니까? 다행히 소자가 유배에서 풀려날 방도를 찾았습니다. 판서로 재직 중인 사촌 처남과 아버지의 석방을 반대해온 대감들에게 용서를 구하며 부탁하신다면 일이 잘 풀릴 것 같습니다.

이에 다산 선생은 다음과 같은 내용의 답장을 보냈다고 한다.

> 세상에는 두 개의 큰 기준이 있다. 하나는 옳고 그름, 즉 시비(是非)의 기준이고 다른 하나는 이익과 손해 즉 이해(利害)의 기준이다. 여기에서 다시 네 단계 등급이 나온다. 옳은 것을 지키며 이익을 얻는 것이 가장 높은 등급이다. 옳은 것을 지키며 해를 입는 것이 그 다음 등급이다. 옳지 않은 것을 따라가며 이익을 얻는 것이 그 다음이며, 옳지 않은 것을 따르다가 해를 입는 것이 가장 마지막이다. 네가 말한 방도는 셋째가 아니면 넷째에 해당한다 하겠으니, 내가 어찌 이런 일을 하겠느냐.

청탁의 유혹을 따라 이익을 취하다가 법의 심판을 받는 공직자는 다산 선생이 말씀하신 셋째 등급의 일을 저지르다가 넷째 등급의 처지에 빠지는 사람이라 할 수 있을 것이다. 모든 공직자는 결국 시비(是非)의 기준, 즉 옳고 그름의 기준에 따라 판단해야 하겠다. 다산 선생은 또한 이렇게 말씀하시기도 하셨다.

> 목민관 일을 잘 하려는 자는 반드시 인자해야 하고, 인자하려면 반드시 청렴해야 한다. 청렴하려면 반드시 절약해야 하므로 절약해서 쓰는 일은 목민관이 맨 먼저 힘써야 할 일이며 씀씀이 줄이기와 물자 절약은 수령의 으뜸가는 임무다.

공직자는 국민에게 봉사하고 헌신하는 것을 보람으로 삼아 명예를 소중히 여겨야 하며 재물과 권력을 탐해서는 아니 될 것이다. 공무원들의 신분을 보장해주고 공무원 연금을 비롯하여 다양한 뒷받침을 해주는 이유가 바로 여기에 있다. 재물을 탐하여 비리를 저지르다가 명예롭지 못하게 공직에서 물러나는 것만큼 어리석은 일이 또 어디 있겠는가? 공직자가 업무에서 높은 전문성과 능력을 갖추는 것은 기본이다. 그러나 기본만으로는 충분하지 않다. 청렴이 더욱 중요하다.

스스로 강한 나라
징비록(懲毖錄)

조선의 역사에서 명재상이라고 하면 황희와 함께 서애 유성룡을 드는 경우가 많다. 유성룡은 특히 임진왜란과 떼어놓고 생각할 수 없다. 전란 극복을 이끈 명재상으로 평가받는 것이다.

유성룡은 전란의 경험을 바탕으로, 고통받는 백성들의 삶을 개선시키고 국가의 기틀을 바로 세우고자 노력했던 개혁가이기도 했다. 그가 남긴 저서 『징비록(懲毖錄)』은 '지난 일을 징계해서 뒷날 근심이 있을 것을 삼간다.'라는 '징비 정신'을 제목에 담았다. 유성룡은 '자강(自强)국가'를 꿈꾸었다. 그는 자강국가를 실현하려면 무엇보다 '민생을 튼튼히, 안보를 든든히'해야 한다고 보았다. 자강국가를 만들기 위한 '자강지계'로 그는 다음과 같은 세 가지를 제시했다.

첫째. 민생을 튼튼히 하여 백성의 신뢰를 얻음으로써 근본을 굳건하게 한다. 둘째, 비용을 절약하며 재원을 쌓는다. 셋째, 군사를 선발하여 훈련시킨다.

이러한 자강지계에서 기본이 되는 것은 신뢰 회복이다. '민생 기반을 튼튼히 하여 백성들의 신뢰를 얻어 내는 일이 가장 급한 일이며 나라의 근본'이라고 보았다. 이는 임진왜란을 통하여 선조 임금과 조정이 잃어버린 신뢰를 회복하는 과제가 중요했다는 뜻이다.

유성룡은 공정한 국가를 꿈꾸었다. 제도를 개혁하여 기득권 세력의 특권을 없애고 국가에 대한 책임을 공정하게 나눠야 한다고 보았다. 구체적으로 그는 다음과 같은 개혁을 추진했다. 노비들이 군공을 세우면 노비에서 해방시켜 벼슬을 주는 면천법, 양반들에게도 군포를 걷는 호포법, 양반 사대부들에게도 병역 의무를 지게 하는 속오군, 농토가 많은 양반들은 그만큼 세금을 더 내게 하는 작미법.

유성룡은 추상적인 구호가 아니라 구체적인 개혁을 다방면에서 추진했다. 국방 개혁 측면에서 그가 설치한 훈련도감은 5군영 가운데 가장 중추적인 군영으로 성장했다. 조세 개혁으로는 공물을 쌀로 내게 하여 백성 부담을 줄이는 선구적인 정책을 추진했다. 경제 개혁으로는 염업, 수산물 유통 등 물자 수급조절과 품질 향상 관련 대책을 추진했다. 산업 개혁으로는 농업 생산성 증대를 위한 새로운 시책을 추진했다.

지역 대표는 주민들의 더 나은 삶, 지역의 더 나은 정주 여건과 더 많은 경제적 기회를 만들어내야 한다. 그러자면 유효적절한 사업과 정책을 적기에 흔들림 없이 추진해야 한다. 지나치게 서둘러서도 안 되지만 결코 멈춰 있어서는 안 된다.

변화의 원칙과 목표를 확실히 정하고 구체적 대안을 마련하여 추진하려 했던 유성룡에게서 바로 그런 리더십을 배운다.

2부

미래를 향한 빛나는 도전

어릴 때부터의 꿈이기도 했던 장교를 꿈꾸며,

1990년 졸업과 함께 소위 임관으로 시작한 군대생활

1971년 1월 10일 일요일

그리움과 기다림

아버지 김동선의 군대시절

아버지 김동선(한오)은 충청남도 공주 마곡에서 사형제의 막내로 태어났다. 1960년에 결혼하신 후 인천의 제철회사 노동자 생활을 하며 아들과 딸을 두었지만 상처하신 분이었다. 무남독녀 외동딸이었던 어머니는 일찍이 홀로 되신 경남 양산의 외할머니가 말띠 생은 재처로 시집을 보내야 팔자가 풀린다 하여 아버지와 부산에서 결혼했다. 그렇게 두 분의 결혼으로 1967년생 나와 1969년생 동생은 형과 누나가 있는 집에서 태어났다.

부산의 조선소에서 반장으로 일하고 휴일이던 1971년 1월 10일 일요일 아침에, 휴일 근무자가 결근을 했다는 회사로부터의 연락을 받은 아버지는 반장이라는 책임을 다하기 위해 출근했다. 지금 나의 몸에 밴 책임감도 휴일도 마다하지 않고 출근했던 아버지로부터 비롯된 것은 아닌지 모를 일이다. 용광로에서 일하던 중 앞선 근무자가 제거하지 못하고 퇴근하여 용광로 천정에 고드름같이 눌러 붙어 있던 쇳물 수증기가 아버지에게 쏟아졌다.

부산 동래병원 응급실의 낮은 몇 계단 문을 열자마자 오른쪽 작은 병상에 아버지가 누워있었다. '미라' 그것은 사람의 모습이 아니었다. 눈만 남긴 채 온몸에 붕대를 감고 있는 마치 미라 같았다. 의식이 있었는지 없었는지 눈에만 붕대가 없었다는 것 뿐, 아버지와 눈동자도 마주친 기억이 나지 않는다. 고향 충남 공주 마곡사 입구 춤다리 마을로 오는 영구차 안에 앉아있었다는 기억만이 희미할 뿐. 다섯 살에 있었던 아버지에 대한 처음이자 마지막 '미라'와 '영구차'라는 두 기억을 가지고 살아온 듯하다.

그렇게 외할머니의 팔자론 때문에 재처로 시집갔던 어머니의 팔자는 시작되었다. 어머니는 나와 동생을 양산 외할머니에게 맡기고 행상을 시작했고 형은 공주 큰아버지 집으로 누나는 부산 셋째 큰아버지 집으로 뿔뿔이 흩어졌던 이산의 생활은 그렇게 시작되었다. 양산의 외가에서 유치원이라는 곳에 다니며 불렀던 용년

친할머니 박 광

어머니 오순옥

유치원 노래. 말이 유치원이지 탁아소라고 하는 것이 나을 법했던 그곳에서 반장 비슷한 역할을 하면서 부반장 비슷한 여학생을 좋아했던 기억도 있다. 얼마 만인가 한 번씩 오셨던 어머니. 학용품과 과자를 한보따리 사 오셨지만 다음 날 새벽이면 잠에서 깨어 매달리는 아이들의 모습을 차마 볼 수 없기에 숨죽이며 떠나던 어머니. 그 소리를 결코 놓치지 않았지만 나 역시 숨죽이며 자는 척, 왜 그랬는지 나는 나를 알고 있었다. 그리고는 또 다시 그렇게 기다렸다.

학교에 들어갈 나이가 되어 다시 어머니와 함께 살게 되었다. 아마도 그것은 분명히 어머니의 계획이었다. 삼발이 화물차 짐칸에 이삿짐이 되어 실린 채로 부산으로 가던 기억이 새롭다. 부산의 시장에서 조그만 가게를 월세로 얻어 어묵가게를 시작하고 시장에 있던 나무다락방에 살던 그 시절에는 겨울이면 가끔 뉴스에 나오곤 했던 연탄가스 누출사고의 주인공이 되어 동치미 국물을 들이키기도 했다. 콧물 닦는 노란손수건을 가슴에 달고 부산 수영초등학교에 입학했다. 아들을 홀로 키우며 초등학교에 입학시키는 어머니의 마음은 어떠했을까? 이미 커다란 빈자리가 되어버린 아버지를 원망했을까? 아마도 아버지 보란 듯이 잘 가르쳐 보겠다는 심정은 아니었을지. 해운대 바닷가인가 모래사장을 거닐던 어머니와 나의 기억이 떠오른다. 무슨 마음이었을까? 기억속의 그림만은 아름답게 남아있다.

다시 이별
다섯 번의 전학

어머니와의 행복했던 시간은 길지 않았다. 어묵가게가 기대만큼 잘 되지 않아 어머니는 다시 행상으로 동생은 다시 외할머니 집으로, 나는 고향 공주 춤다리에서 친할머니와 호롱불에 누에고치와 함께 살게 되어 마곡초등학교로 첫 번째 전학을 했다. 어머니 손을 잡고 고향 공주 마곡사 앞 먼지 날리는 비포장 신작로길 버스에서 내려 개울을 건너 큰집으로 가는 시골길 아래 논에서 일하던 큰아버지 큰어머니와 사촌 누나들을 처음으로 만났다. 어려운 보리 고개 시절에 대가족 살림에 보리밥을 소쿠리에 널어놓고 고추장에 비벼먹는 생활이었지만 굶지는 않았던 추억의 고향이다.

하지만 나에게만 의지했을 내성적인 동생을 나와 떨어뜨려 놓은 어머니의 결정은 내게는 큰 아쉬움으로 어머니께도 끝끝내 큰 아픔으로 이어졌다. 양산과 부산에서 살면서 몸에 베어버린 사투리는 충청도 고향 친구들에게는 신기한 놀림의 대상이었고 학교 옆 묘지와 통학 길 다리에서 잦은 싸움으로 동네 어른들에게 혼나고 학교로 할머니가 찾아오기도 했다.

학생이 토한 것을 손수 치워주시던 1학년 담임 김창익 선생님, 연구수업 때 했던 발표로 초등학교 입학 후 첫 칭찬의 주인공으로 만들어주신 2학년 담임 이춘자 선생님. 아마도 이때의 선생님의 칭찬이 지금까지의 나를 만들었다고 해도 과언은 아닐 것이다. 초

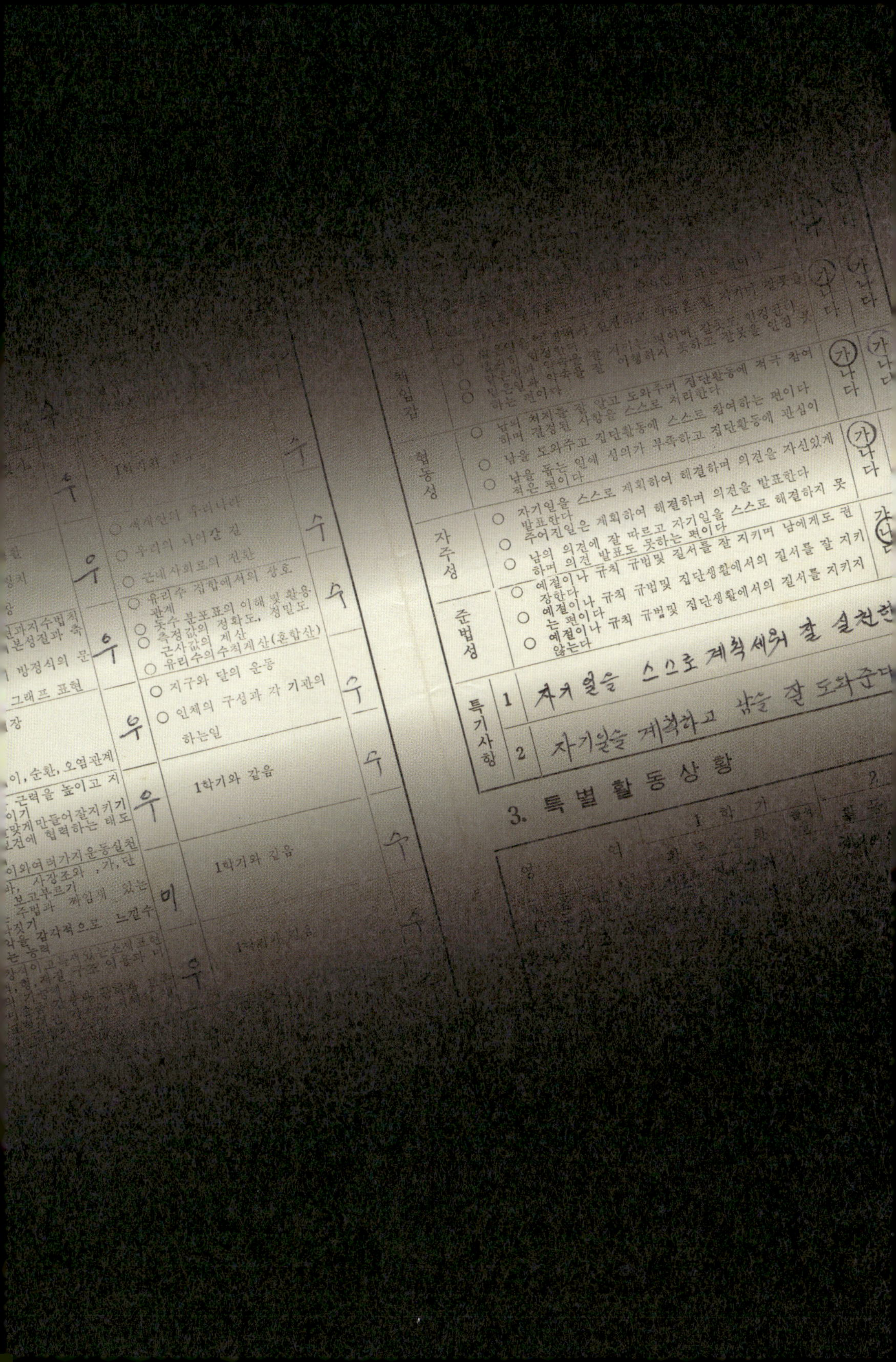

책임감
협동성
자주성
자기일을 스스로 계획하여 해결하며 의견을 자신있게 발표한다
주어진일은 계획하여 해결하며 의견을 발표한다
남의 의견에 잘 따르고 자기일을 스스로 해결하지 못하며 의견 발표도 못하는 편이다
준법성
예절이나 규칙 규범및 집단생활에서의 질서를 잘 지키며 남에게도 권장한다
예절이나 규칙 규범및 집단생활에서의 질서를 잘 지키는 편이다
예절이나 규칙 규범및 집단생활에서의 질서를 지키지 않는다
특기사항
1 자기일을 스스로 계획세워 잘 실천한
2 자기일을 계획하고 남을 잘 도와준다
3. 특별활동상황
1학기와 같음
1학기와 같음

등교사가 천직인 아내에게도 칭찬 기억을 가끔 이야기 한다.

2학년 여름 어느 날 개구쟁이 김대환은 쉬는 종이 울리자마자 수돗가 위에 올라가 밀어내기 놀이를 하다가 떨어져 시멘트 모서리에 부딪쳐 머리가 많이 찢어지는 큰 사고를 당했다. 놀라 달려온 큰어머니의 눈물과 함께 먼지 날리는 비포장 신작로 길을 경운기로 달려 사곡면 내 작은 의원에서 손가락 두 마디 크기의 상처를 겨우 세 바늘로 꿰매는 동안 눈물 한 방울 흘리지 않던 아이였다고 큰어머니는 만날 때마다 말씀했지만 지금 생각하면 왜 그랬을까? 필시 어머니 생각을 했을 터. 지금도 선명한 이마 위 흉터를 볼 때마다 그때가 떠오른다.

1976년 공주 마곡초 운동회. 가을 운동회는 온 동네 사람들의 잔칫날이었다. 반공에서 멸공을 거쳐 승공으로 바뀐 학교 정문의 큼지막한 기둥이 빨간 문패였던 시절이다. 한국, 북한, 미국, 일본 등 국가대항 계주 대회가 있었고 달리기를 잘했던 나는 대한민국 대표로 뛰게 되었다. 경기 시작 전에 선생님이 이야기한 주의 사항은 '북한과 일본은 무조건 이겨야 하고 미국은 이겨서는 안 된다.'는 것이었다. 우리 팀은 북한과 일본을 따돌리고 있었고 바통을 이어받은 마지막 주자였던 나는 앞서 있던 미국을 마저 추월할 기세로 달려 나가는 순간 여기저기서 '안 돼! 안 돼!'라며 미국을 따라잡지 못하게 했고 승부는 이미 정해져 있었다. 1등 미국, 2등 한국, 3등 일본, 4등 북한. 그날 나는 미국을 왜 이겨서는 안 되는지 이해할 수 없었다.

초등학교 시절 음악시간에 배웠을 "가을밤 외로운 밤. 벌레 우는 밤 초가집 뒷산 길 어두워 질 때…" 지금도 기억하는 어린 시절의 18번이다. 어느 날 선생님이 그 당시의 가정환경조사를 한다며 고학년의 사촌누나를 부르더니 누나에게 물어보는 말 중에 '가난'이라는 새로운 단어를 알게 되었다. "대환이네 집이 '가난' 한 거니?" 어머니께 효도하겠다는 편지를 쓰기 시작했던 초등학교 2학년 시절, 그 편지를 어머니는 평생 동안 간직하다가 돌아가셨다. 그 때 했던 편지 쓰기가 국어공부에 도움이 되었는지도 모르겠다. 방학 숙제가 아닌데도 미술 교과서의 그림을 모두 그리고 나무 불도저를 만들기도 했다. 무슨 생각으로 그랬을까?

어머니는 행상으로 모은 돈으로 공주고등학교 학생들이 하숙을 하던 집을 세로 얻어서 하숙을 운영하기 시작했고 4학년부터 공주 시내에 있었던 금학초등학교로 전학을 했다. 세월이 흐른 뒤 생각해보니 4학년부터는 중요하다는 것을 알고 있었던 어머니의 계획이었던 것이 분명했다. 성적이 좋았던 것 때문인지 선생님들은 서로 자기 반으로 데려가려 했고 나도 새로운 친구들에게 지지 않으려고 더 열심히 공부했다. 주인집에 배달되어 오던 하루 지난 신문을 보면서 자연스레 한자공부가 되었다. 어머니는 하숙으로 번 돈으로는 생활비가 부족해서 새벽에 야쿠르트 배달도 했고 그렇게 힘들어하는 모습을 보며 나 역시 힘들었던 4학년이었다.

그 즈음 아버지의 군대생활 사진첩에서 아버지의 미군식 계급장을 보며 나도 군인이 되고 싶다는 생각을 했다. 어머니는 다시 울산의 목재공장으로 취직을 하여 울산의 남목초등학교에 5학년으로 전학했다. 동네 입구의 작은 저수지에서 처음으로 대나무 낚시를 시작했고 지금까지도 잘 잡지도 못하는 낚시가 묘하게도 재미있다. 이 시절 어머니는 목재가루 때문에 생긴 천식 때문에 용각산을 품고 살았다. 1978년 박정희와 김영삼의 대리인이었던 이후락과 최형우의 선거유세를 학교 운동장 나무 위에 올라가 구경하며 그렇게 많은 사람이 모인 것이 신기했고 쩌렁쩌렁한 연설 소리에 묘한 느낌을 받았던 기억이 생생하다.

초등학교 시절을 회상하는 김대환 법무사

어머니와 외할머니가 함께 인천 수도국산 달동네에 집을 얻고 현대시장과 화수시장에서 방앗간을 빌려 운영하게 되어 6학년 때 인천서흥초등학교로 전학했다. 방앗간 역시 잘 되지 않았고 시장에서 노점상을 하는 어머니를 학교 마치고 도와드리다가 좋아했던 여학생이 볼까봐서 피해 숨던 사춘기의 기억도 부끄럽다. 실과시간에 바느질을 여학생처럼 잘한다고 칭찬받던 기억, 역시 방학 숙제가 아니었던 그림들과 제작품이 전시될 때의 뿌듯함, 교외 과학장 대회에 학교 대표로 출전할 때의 긴장감, 교장선생님으로 퇴임하신 민춘홍 담임선생님께서 국어시간에 해주신 “읽기는 김대환처럼 해야 한다.”라는 칭찬에 수십 년 후에 만난 반장 명호 친구는 내가 작가가 되어 있었을 것이라고 생각했다고 한다.

박정희 대통령이 서거했다고 대자보 같은 방이 붙고 아주머니 할머니들이 울던 기억과 졸업식을 마치고 어머니와 둘이서 먹던 현대시장 로터리 2층 자장면이 마냥 맛만 있는 것이 아니었던 기억에 어머니도 나와 같은 심정이었을 터.

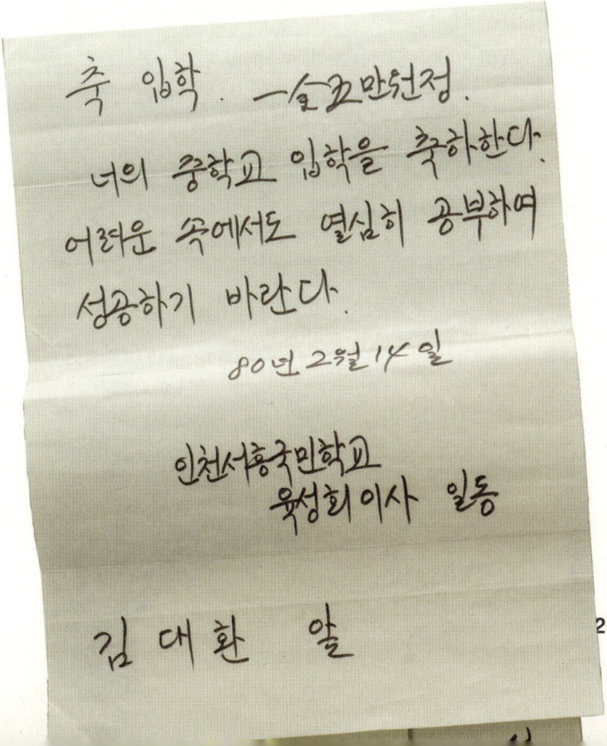
축 입학. 一金五만원정.

너의 중학교 입학을 축하한다.
어려운 속에서도 열심히 공부하여
성공하기 바란다.

80년 2월 14일

인천서흥국민학교
육성회이사 일동

김대환 앞

1980년 2월 14일 인천서흥국민학교 육성회 이사님들께서 졸업 선물로 주신 장학금 5만원으로 교복과 가방을 마련했다.

중학교 배정추첨 결과 27번 버스를 타고 가야 하는 동인천중학교에 입학했다. 졸업식에 민춘홍 담임선생님께서 챙겨주신 장학금 5만원으로 교복과 가방을 마련했다. 중학교 시절에는 성적에 따라 금, 은, 동 색으로 구분되어 지급되었던 배지를 교복에 다는 뿌듯함으로 공부를 했다. 하교 길에 우표수집상 좌판에서 구입한 우표 앨범은 대부분 대통령의 기념우표였지만 내게는 추억의 물건이다.

중학교 3학년 때 고등학교 진학을 앞둔 내게 담임선생님이 국립공고를 추천했지만 대학 진학이 어려울 것이라는 생각에 인문계로 진로를 정했다. 고등학교 진학을 위한 연합고사가 끝날 때까지 기도로 교문 앞을 지켰던 어머니 모습을 기억한다. 두 아들과 함께 영화관과 수봉공원을 구경시킨 어머니의 심정을 어찌 헤아릴 수 있을까.

광성고등학교 친구 용석과는 하교 길에서 신문, 영화 이야기로 3년을 보냈고 국기 게양과 하기를 담당하며 느꼈던 것을 쓴 글이 교육청에서 펴낸 책에 실리기도 했고 궁핍한 살림에도 중고 리놀타 카메라와 마이마이 녹음기를 사주었던 어머니의 그 깊은 마음을 어찌 헤아릴 수 있을지. 영어와 수학 과목에서의 부진했던 성적을 국어와 한문, 사회 등에서 겨우 만회하는 어려움을 지켜보던 어머니는 주산학원이라도 한번 보냈어야 했다며 안타까워했다.

심각한 덧니 때문에 앞에 나서길 주저하던 내게 큰돈을 들여 교정치료를 해 준 어머니에 대한 고마움은 이제는 표현조차 할 수 없다. 홀로 키워내신 아들이 대입학력고사를 보던 날, 어머니의 간절한 심정은 또 어찌 헤아릴 수 있을까? 초등1학년 김창익 선생님, 2학년 이춘자 선생님, 6학년 민춘홍 선생님, 중학 김정권 선생님, 고교 김영환 선생님, 대학 강치원 교수님. 나를 만들어 준 고마운 스승들이다. 참으로 고맙습니다.

인천대학교 정치외교학과,
그리고 학생운동

친하게 지내던 동창들이 각기 정치외교학과에 진학을 했던 이유인지 아니면 초등학교 때 선거유세장에서 보았던 강렬한 느낌 때문이었는지 나와 처지가 같은 편부모 가정을 돕는 정치인이 되고 싶었는지, 인천대학교 정치외교학과에 진학했다. 민중가요 '그날이 오면' 을 멋지게 부르던 준한과 함께 의미 있는 대학시절을 보냈다. 전두환 정권의 말기라는 시대적 상황에서 자라온 환경 때문이었는지 두려움이 없지는 않았지만 거부감 없이 선배들에게 동화되고 학생운동권 조직에 이른바 포섭되었고 5.18 광주민주항쟁의 생생한 모습을 담은 5.18비디오와의 만남은 국군, 국민의 군대, 정부군

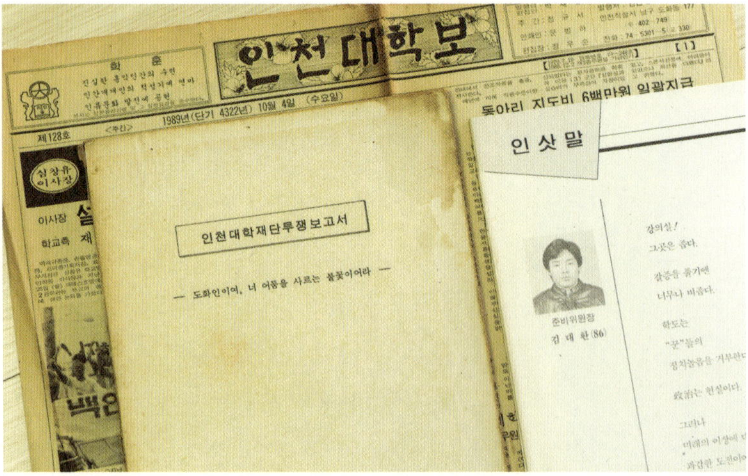

의 개념을 다시 생각해 보도록 만들었다.

정치외교학과의 과대표로 활동하며 학과선배인 김교흥 총학생회장을 만나 선거운동과 5.3 인천민주항쟁, 학내 민주화투쟁에 참여했다. 급기야 직선제 쟁취 종로대회에서 연행되어 경찰 호송버스(일명 닭장차) 안에서 유인물을 철망 밖으로 날리며 도착한 곳은 나중에 알고 보니 청량리경찰서였다. 다른 학생들의 아버지들이 면회 오는 것을 보며 홀로 노점에 있을 어머니 생각에 어떻게든 여기서 나가야겠다는 생각이었다. 소위 불온서적은 알지도 읽지도 않았다는 착실한 학생으로의 진술은 다행인지 아니면 모른 척 넘어갔는지 먹혀들었다. 유치장에서의 밥이란 것이 색 바랜 네모 도시락에 양동이에 담긴 단무지였는데도 거부감 없이 뱃속으로 들어갔다.

사회과학대 학생회 부장으로 활동했던 1987년, 학생회장이던 준호 선배가 갑자기 사라졌다. 보름 정도 지나 학생회관에 나타난 선배의 초췌한 모습과 하얀 티셔츠에 찍혀있던 선명한 워커 자국을 보고 미쳐 날뛰었던 기억이 선하다. 박종철 열사가 그렇게 떠나고 4.13 호헌조치에 반발하며 그 해 6월은 거의 부평 일대에서 보냈다. 그 날도 부평대로에서 퇴각하다 청천동 영아다방 쪽에서 다

시 시위대들이 집결하려고 모이고 있던 초저녁 무렵에 서울에서 같은 86학번 이한열이 최루탄 직격탄에 쓰러져 중태라는 소식이 전해졌고 눈물로 애국가를 부르짖으며 참세상, 바른 나라, 민주 조국의 미래를 위해 살겠다는 그 날의 그 다짐이 오늘 이 시간까지 나를 있게 하였고 지탱해왔다.

그렇게 쟁취한 직선대통령 선거에서 국민연합의 소속이 되어 투개표 부정선거 감시단 활동으로 개표장의 부정선거 정황을 학생회에 보고하고 수업과 시험거부 투쟁을 전개했다. 주모자로 지목되어 지도교수로부터 전공필수 과목에 낙제점수를 받은 성적표는 지금까지도 지워지지 않고 있다.

대학생활의 시작과 함께 겪었던, 그리고 그 사건이 내 인생을 결정했던 '인천 5.3 민주화 항쟁'이 얼마 전 인천민주화운동센터와 선배이신 김교흥 국회의원, 윤관석 국회의원 등 많은 인천의 민주화운동에 헌신하셨던 분들의 노력의 결과로 민주화운동기념사업회법이 개정되어 인천 5.3 민주항쟁도 민주화 운동으로 인정받게 되었다. 인천민주화운동센터에서 발간한 『인천5.3민주항쟁 그 날의 이야기』의 본문 일부를 옮겨 본다.

> 전두환 정권과 공안 당국은 인천5.3항쟁 당시 중요한 요구보다 특정 구호만을 부각하여 시위의 과격성을 확대 재생산했습니다. 집회 참가자들이 부문별로 주장한 입장은 각기 정치적 입장이나 노선에 따라 차이가 있었지만 직선제 개헌이라는 일관된 주장 아래 모여들었습니다. 신민당의 이원집정부제에 대한 반대 요구에도 의견이 일치했습니다. 노동자 농민의 생존권 요구와 미·일 외세 축출 요구도 높았으며 노동운동단체와 학생들은 민중이 주체가 되는 민중 권력수립도 주장했습니다.

경찰 최루탄 발사에 투석전으로 대응하는 참가자들(출처: 민주화운동기념사업회)

인천5.3민주항쟁에서 제시된 구호들은 정치적 민주화뿐만 아니라 정치적 민주화 이후의 과제, 노동자와 농민의 권리, 자주적 외교 등 사회 진보적 요구들이 망라되었습니다. 그 요구는 6월 항쟁 이후에 전개된 7,8월 노동자 대투쟁에서 분출되었으며 각계각층, 부문 운동의 과제를 제시하고 있었습니다. 인천5.3민주항쟁을 통해 우리 사회가 해결해야 할 근본적 개혁의 과제가 무엇인지를 확인시켜 주었다고 볼 수 있었습니다. 5.3항쟁에 위기감을 느낀 전두환 정권은 이 항쟁의 용공 이적성을 조작하고 폭력성을 부각해 시위에 적극적으로 참가한 이들을 소요죄로 처벌하려고 시도했었습니다. 하지만 수배령을 내리고 공안정국을 조성하는 과정에서 정권이 지닌 폭력성을 드러내면서 민주화운동 세력은 물론 온 국민들의 저항을 불러일으키게 되었습니다. 5월 3일 하루의 항쟁은 비록 경찰에 의해 진압당하고 전두환 정권이 공안 통치를 강화하는 빌미가 되었지만 정권이 조장한 공안 통치는 결과적으로 역풍을 불러일으켜 6월 항쟁의 불씨를 만들어 냈습니다.

항쟁의 불길은 7,8월 노동자 대투쟁으로 이어졌습니다. 민주화운동을 정치적 민주주의를 위한 반독재투쟁으로만 이해하면 민주화운동의 입체적 성격이 드러나지 않습니다. 민주화운동은 독재에 대한 반대를 넘어 대안 체제인 민주정부 수립과 새로운 헌정체제 확립을 요구하는 성격을 지니고 있었으며 나아가 사회경제적 민주주의, 생산자 민주주의, 국제적으로도 자주적인 외교를 요구하는 노력도 민주화운동의 범주에 포함해야 합니다.

종합적인 관점에서 볼 때 인천 5.3민주항쟁은 정치적 민주주의를 넘어 실질적인 민주주의의 실현을 요구하는 운동이라고 평가할 수 있습니다. 요컨대 5.3항쟁은 80년대 한국 사회가 요구하는 민주변혁의 과제를 근본적으로 제기하였으며, 그 문제 제기에서 시작한 국민들의 바람이 6월 항쟁과 7,8월 노동자 대투쟁까지 이어져 확산한 것으로 볼 수 있습니다. 공안 당국이 '5.3 인천사태'로 표현해온 이 항쟁에 대해 '무산된 사건'으로 보면서 관념적 조급성이나 모험주의적 정치투쟁이라서 전두환 정권이 공안탄압을 강화하는 계기가 되었다는 부정적 평가가 있었습니다.

이와 달리 1987년 6월 전국적인 시민 항쟁의 도화선이 되었다는 긍정적 평가가 교차하고 있습니다. 부정적 평가가 집회 전술적 차원, 검거와 수배로 인한 역량 손실과 같은 단기적 관점에서의 평가라면 '도화선론'은 인천 5.3민주항쟁이 한국 민주화운동에 끼친 사회사적 맥락을 중시한 역사적 평가입니다.

조희연 교수는 5.3항쟁을 '광주항쟁과 1980년대 초반의 침잠을 통해서 출현한 급진적 민주주의 세력이 지하에서 지상으로 모습을 나타낸 사건'으로 이해하였습니다. 이 급진민주주의 정신과 세력이 정치적 자유주의 세력과 연합하여 국민적 반독재투쟁을 성공시켜냄으로써 민주주의 이행의 길을 열었다고 평가하고 5.3의 정신을 자유주의적 민주주의의 불철저성을 비판하고 그것의 급진적 확장으로 요구하던 급진민주주의 정신이라고 해석했습니다.

이처럼 인천 5.3 민주항쟁은 변혁운동의 제헌의회그룹, 민민투와 자민투로 크게 구분되는 운동 정파의 분화를 현장에서 보여주었으나 역설적으로 이러한 분리 정립을 통해 87년 6월 항쟁 당시 다양한 민주화운동 세력들이 '호헌철폐 독재타도'와 같은 대중적 요구에 합의하여 공동 투쟁을 전개할 수 있었습니다.

또 5.3 항쟁은 변혁운동의 본격적 출현, 민주화운동에 내재되어 있던 다양한 요구와 주장이 나누어지고 깊어지는 분기점이기도 했습니다. 민주주의는 다양성을 존중하며 다양성은 변화와 생성의 원천이기 때문입니다. 최원식 교수는 '난장적 투쟁성으로 민주화 운동을 열었고 1987년 6월 항쟁으로 가는 결정적 길목이 되었다.'는 평가를 제시한 바 있습니다. 이준한 교수는 『인천 5.3 민주 항쟁과 한국의 민주화』에서 인천의 5.3 민주 항쟁의 인적이고 정신적인 전통이 인천의 1987년 6월 항쟁 및 7,8,9월 노동자 대투쟁으로 이어졌다고 분석했습니다. 김영곤은 『인천 5.3 항쟁과 민주, 진보운동의 미래』에서 5.3 항쟁, 6월 항쟁, 노동자 대투쟁으로 이어지는 일련의 사건은 약간 넓은 의미에서 노동자의 요구를 포함한 민주화 사회로 이행하는 과정에 발생한 큰 사건이며, 5.3 항쟁은 반독재민주주의, 노동자의 권리, 삼민, 민중연대, 민족, 미군철수, 반전평화, 반핵 등 여러 가지 요구, 새로운 주장과 사상이 모인 저수지이며, 이들이 다시 5.3 항쟁에서 여러 가지 사건으로 파생한 수원지로 파악하였습니다.

6월 항쟁이 인천 5.3 항쟁의 성찰적 계승이라는 평가도 주목할 필요가 있습니다. 실제로 5.3 항쟁과 6월 항쟁은 요구와 집회 형태에서도 놀라울 만큼 유사합니다. 반독재 민주화운동의 일환이었으며 직선제 개헌을 목표로 전국 각계각층이 모여 집회와 시위를 통해 군사정권과 맞서 싸웠다는 점에서였습니다. 경찰의 공격에 맞서 바리케이드를 설치하여 장시간 집회를 유지했으며 장소를 이동하면서 집회를 이어가는 방식도 같았습니다. 당시 인사연 집행국장 이우재는 5.3은 6월 항쟁뿐만 아니라 이후 20년 동안의 민주화운동의 맹아였다고 평가했고, 당시 인노련 회원이었던 노회찬은 5.3 항쟁은 6월 항쟁의 맹아였지만 '커다란' 맹아였다고 규정했습니다. 인천 5.3민주항쟁이 정치적 민주주의의 회복을 요구한 6월 항쟁의 정신과 노동3권을 비롯한 민중생존권 요구라는 실질적 민주주의 쟁취 투쟁의 성격을 동시에 지니고 있다는 점을 지적한 것입니다.

한편 5.3민주항쟁은 6월 항쟁을 촉발하는 실질적 도화선이기도 했습니다. 전두환 정권은 5.3 항쟁 이후 대대적 검거 선풍을 일으키고 경찰서별로 경쟁적으로 배후 인물 수사를 벌였습니다. 이 과정에서 부천서 성고문 사건이 발생했습니다. 이 사건으로 정권의 폭력성이 드러나 전국민적 분노를 불러일으켰고 이듬해 박종철군 고문치사 및 은폐 조작 사건이 발생하면서 전두환 정권에 대한 강력한 저항이 시작된 것입니다.

ROTC 청년장교,
조철구 박사님과의 만남

학생회 활동을 중도에 포기하는 것이 못내 아쉽고 쉽지 않았지만 형편상 어릴 때부터의 꿈이기도 했던 장교 생활의 길을 선택했다. 평생을 갈 군인의 길이라는 생각에 다시 오지 못할 학창 생활에 마음이 기울어 학군단 생활은 쉽지 않았지만 모의국회 준비위원장의 경험은 전공분야에서 소중한 경험이었다. 1990년 졸업과 함께 소위 임관을 했으나 그 해는 포병 장기자원이 부족했는지 정치학 전공과 거리가 먼 포병 병과를 받아들고 크게 당황했다. 어머니를 용산역에 홀로 남기고 광주 포병학교로 입대했다. 어머니의 심정이 어떠했을지 헤아릴 수 없어 입영열차 안 화장실에서 한동안 눈물을 삼키고 나왔다. 전방 OP 관측소에서 인접 사단의 동기 충영을 만나 청년장교의 미래를 논하고 문산 1사단에서 발표대회 군단장상, 사단 체육대회 연대 육상대표, 관측장교, 전포대장 등 최선을 다해 열심히 장교생활을 했다. 노력으로 다가온 사단장 전속부관의 경험은 오히려 전역을 결심하는 계기가 되었다. 영내 장교숙소에서 멋진 동기 강원을 만나고 포병 고등군사반(O.A.C)을 수료 후 원주 횡성의 36사단에서 대대 군수과장, 통합 포대장 직책을 수행했다.

사회와의 소통을 위해 갓 창간한 한겨레신문을 영내 장교 숙소에서 구독한다고 영내 보안반의 조사를 받던 시절이었으며 김대중 선생님의 원주 방문 행사에 참여했다. 일과 후에는 동국대 행정대학

병사들과 함께 하는 청년장교 시절에 가족초청 행사에 선보일 경연대회를 준비하며
(1990년 문산1사단 양철막사에서)

1995년 전역을 앞두고 강원도 원주 횡성 36사단 포병연대 포대장 시절
사회와의 소통을 위해 갓 창간한 한겨레신문을 영내 장교숙소에서 구독한다고 영내 보안반의
조사를 받던 시절

원 행정학과 언론홍보 석사과정에 다니며 1995년 6월에 전역했다. 대위 전역을 1년 앞두고 있던 어느 날 선배 장교로부터 전주교대 졸업 후 인천에서 초등학교 교사로 재직하고 있다는 아내를 소개 받아 우선 전화번호를 전달받았다. 훈련 중이라 시간이 여의치 않아 전화로 먼저 인사를 했다. 훗날 아내는 만나자는 약속도 없어 황당했다고 그 당시의 심경을 이야기 하곤 한다. 홀시어머니에 전역을 준비하고 있어 직장도 불투명해 집안에서 반대한다며 아내는 이별 통보를 보냈다. 인연이 있으면 인천에서 다시 만 날수 있을 것이라고 애써 답하고 헤어졌다. 몇 달이 지나 성탄절 전야 근무 중에 전화가 왔고 진역 후 수협은행에 입행했다. 처가의 반대는 잠잠해졌다.

그렇게 수산업협동조합중앙회에 입행동기회장으로 노량진 지점에서 근무하던 중 지금은 영면하신 새정치국민회의 인천서구강화

새정치국민회의 인천서구강화갑 국회의원이셨던 조철구 박사님의 주례로 채석영과 결혼

갑 조철구 박사님의 부름을 받았다. 조 박사님은 장준하 선생의 검안의사로서 장준하 선생의 의문사를 제기하시고 중앙정보부에 연행되어 갖은 고초를 겪으신 재야인사였다. 아내는 내가 수협중앙회를 그만둔 것을 친정에 알리지 않고 조 박사님의 주례로 결혼을 했다. 그러나 박사님께서는 국회의원에 당선되신 후 1년여 만에 간암으로 돌아가셨다. 조 박사님은 김대중 대통령을 보좌하면서 보건복지부 장관직을 수행했을 만큼 훌륭한 인품의 소유자였다. 박사님께서는 생전에 중앙당 당직을 권유했지만 병상의 박사님에게 짐이 될 수는 없었고 여러 유혹에 흔들림 없는 전문직이 되어야겠

조 박사님은 장준하 선생의 검안의사로서 장준하 선생의 의문사를 제기하시고 중앙정보부에 연행되어 갖은 고초를 겪으신 재야인사였다.

다고 생각했다.

재취업은 쉽지 않았고 양복차림으로 중학교 시절부터 다니던 백석낚시터에서 퇴근하기도 했다. 다시 주식회사 아가방에 취업이 되었지만 서인천 가정동에서 역삼역 본사까지의 새벽출근에 백화점 영업 관리직으로 힘든 직장생활을 하던 중 전보된 총무부에서 법무담당으로서 법무사라는 직업을 처음으로 접했다. 초등교사인 직장인 아내와의 결혼이라는 무게보다도 큰딸의 출생은 아버지 없이 자랐던 환경 때문인지 아버지라는 이름의 무게가 더 무겁게 다가왔다.

익산 처가에서 큰딸의 출산을 보고 올라와 회사 근처 고시원에 들어갔다. 한문 실력만 믿고 한의대로의 편입을 준비하려고 할 때 우연히 고시원 휴게실에 붙어있던 법무사 시험공고를 보고 '이거다' 싶은 느낌이 들었다. 출근길과 퇴근길의 만원 지하철과 버스 안에서 부끄러움을 무릅쓰고 두꺼운 기본서적을 탐독했으나 역부족이었다. 서울 신림동 고시촌으로 온가족이 이사해 퇴근 후에 강의를 듣고 아내는 둘째 아이를 임신한 몸으로 인천으로 출퇴근을 했다. 직장인이 도전할 수 있는 시험수준이 아님을 깨닫고 수험에 전념하기 위해 가족들은 다시 인천으로 이사를 했고 한 평이나 될까 싶은 고시원 생활을 시작했다. 큰딸과의 통화에서 '아빠 우리 집에 놀러와'라고 했던 순간이 지금은 아내가 웃으며 말하지만 당시에는 엄청난 아픔이었고 '벌어다 주지는 못할망정, 가져다 쓰지는 말자'라는 생각으로 학원 아르바이트나 독서실과 고시원 총무, 스터디 팀장 등을 했다. 인천항에서의 하역 막노동을 하다가 마치 돌아가신 아버지의 책임감에 따른 사고처럼 일용직 김대환의 책임감으로 출근하여 컨테이너 위에서 떨어져 발목에 큰 상처를 입었던 그 순간을 지금까지의 삶속에서 첫 번째로 꼽을 수 있는 인생의 찰나로 기억하고 있다.

수험기간 중에 지켜본 참여정부의 출범은 나와 아내에게 커다란 희망이 되어 힘과 용기를 주었고 출퇴근시간의 공부와 퇴근 후의 수강이 헛되지 않도록 수험준비에 전념한 결과 비전공자로서는 비교적 짧은 기간에 준수한 성적으로 합격했다. 이때에 쓴 '합격기'는 서울 신림동 고시촌 학원가에서 한동안 회자되었고 이한열 열사의 동기 유태규 법무사를 스터디 팀에서 만나 큰 힘이 되기도 했다. 당시의 합격기를 옮겨본다.

1. 쓰고 싶지 않은 합격기

합격을 예상했다가 떨어질 때에는 발표 전인데도 합격기를 미리 쓰고픈 생각까지도 있었습니다. 그러나 금년에 막상 붙고 보니 스터디원들과 절친한 친구들 중에 합격을 미룬 사람들을 생각하니 감히 쓸 생각조차 할 수 없었습니다. 힘들었던 그 깊이만큼이나 드러내기도 쉽지 않았습니다. 바른길은 외면하고, 지름길만 찾는 수험생에게는 도움도 되지 않으리라는 생각도 있었습니다.

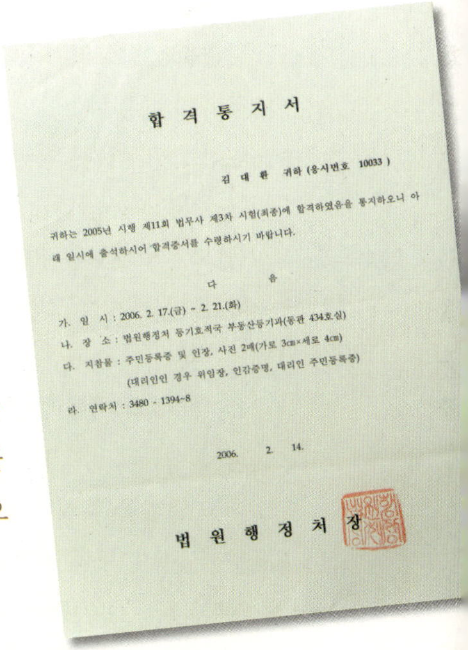
합 격 통 지 서

김 대 환 귀하 (응시번호 10033)

귀하는 2005년 시행 제11회 법무사 제3차 시험(최종)에 합격하였음을 통지하오니 아래 일시에 출석하시어 합격증서를 수령하시기 바랍니다.

다 음

가. 일 시 : 2006. 2. 17.(금) ~ 2. 21.(화)
나. 장 소 : 법원행정처 등기호적국 부동산등기과(동관 434호실)
다. 지참물 : 주민등록증 및 인장, 사진 2매(가로 3㎝×세로 4㎝)
(대리인인 경우 위임장, 인감증명, 대리인 주민등록증)
라. 연락처 : 3480 - 1394~8

2006. 2. 14.

법 원 행 정 처 장

2. 아버지가 되던 날

결혼보다도 큰딸 다현이의 출생은 나에게 커다란 충격으로 다가왔습니다. 아마도 아내가 초등학교 교사이어서 배우자보다도 자녀에 대한 부양책임을 더 느꼈거나, 다섯 살 때 아버지가 돌아가신 경험 때문이었을 것입니다. 이때부터 자랑스러운 아버지가 되어야겠다는 고민이 시작되었습니다. 한문 실력만 믿고 한의대에 편입하고자 태어난 지 얼마 안 된 딸아이를 아내에게 맡기고 회사 근처 고시원에 들어가 퇴근 후 강의를 들었습니다. 난생 처음 들어간 고시원은 교도소 독방이 따로 없다는 생각이었습니다. 공부가 만만치 않다는 생각을 하던 중 우연히 고시원 휴게실에 붙은 법무사 시험 대법원 공고문을 보는 순간 이거다 싶은 생각에 탈출구를 찾은 느낌이었습니다.

3. 시험에 다가서기

김준호 민법강의와 당시로써는 무리였던 김주수 친상법을 일 년 가까이 출퇴근시간에 전철에서 보았습니다. 강의를 듣기 위해 인천에서 서울의 학원 근처로 이사 왔습니다. 퇴근 후 겨우 강의를 들었으며, 아내는 인천으로 출퇴근을 했습니다. 그렇게 일 년을 보냈지만 공부 없이 수강만으로 어렵다는 결론을 내리고 고민 끝에 회사를 그만두었습니다.

4. 제7, 8회 시험과 월드컵

퇴사 이듬해 7회 1차에 낙방하고 공중전화로 학교에 있는 아내에게 낙방을 알리던 전화 부스가 지금도 생생합니다. 독서실 총무를 하며 학원 종합반에 들어가 제8회 1차 시험에 합격했습니다. 월드컵 기간이라 힘들었지만 우리나라 경기 시청은 물론, 대 스페인전은 가족과 함께 월드컵경기장까지 응원도 갔습니다. 좋아하는 축구를 안 보고 공부가 될 수는 없었으며 오히려 그 시간을 내기 위해 집중과 속도를 냈습니다. 수험기간 내내 유일한 스트레스 해소는 처음엔 박찬호 경기 시청, 나중엔 A매치 축구경기 시청이었습니다.

5. 지나친 문제 파악과 9회 기득권 상실

형사소송법에서 기존 타 시험의 기출문제인 '당사자의 동의와 증거능력'과 달리 '당사자의 의견과 증거능력' 이라는 한 글자 차이의 출제의도에 지나치게 몰입하다가 알고 있던 문제를 놓쳐 출제자와 채점자를 한없이 원망했습니다.

6. 다잡은 물고기를 놓쳐버린 10회 재동차 기회

작년에는 고시원 총무를 하며 재동차를 준비했습니다. 전 시간까지 대과 없었다는 점에 마지막 등기법도 아는 문제라는 자만심, 소장과 등기서류 작성 등 작은 문제에 대한 무시와 소홀로 믿었던 등기법에서의 과락은 2차 시험을 앞두고 상주로서 장례를 치렀던 할머니에게 더없는 송구함으로 다가왔습니다.

7. 제11회 재기득권

기본서에 충실했기에 자신감으로 학원 스터디 팀장을 맡았습니다. 끝까지 함께 했다는 외형적인 성과는 있었으나 조급했던 팀원들에게 얼마나 도움을 주었는지는 의문입니다. 지름길은 곧 바른 길일 뿐이며, 바른길을 갈 때 선·후착의 차이는 있을지언정 도착은 반드시 하게 됨을 느꼈습니다.

8. 바른 길

듣기에도 식상한 기본서와 법조문의 중요성은 그냥 '중요하다고 하더라.' 정도 가지고는 그 중요성을 안다고 할 수 없습니다. 기본서는 머리말, 차례부터 각주는 물론 끝장 찾아보기, 교수 약력까지 회독시마다 정독을 했습니다. 유사부분은 차례를 이용해서 못 찾으면 찾아보기를 통해 끝까지 앞뒤를 뒤져서 표시를 했습니다. 단문집(요약서)만으로는 결코 느낄 수 없는 논리에 대한 희열과 성취감을 느낄 수 있습니다. 기본서는 전체를 통독해야지 부분, 부분 보아서는 극대화할 수 없습니다. 기본서의 많은 부분은 판례이므로 본문에 판례 부분을 표시했습니다. 각주까지 볼 때에 다른 견해의 기본서까지 보는 효과가 나타나며 그야말로 책 전체를 일관되게 이해할 수 있습니다. 연필로 줄 긋고 지우기의 수고를 마다해서는 아니 되며 연필 외의 사용은 신중에 신중을 기해야 합니다. 단문집의 유혹을 그때그때 뿌리치고 한 번 더 기본서를 잡고 나면 그러한 자신의 판단이 옳았음을 경험할 수 있습니다. 두문자는 법조문의 띄어쓰기 점 하나까지 염두에 두었고 반대해석 유추해석 등으로 법조문에서 두문자를 추출했습니다.

9. 합격을 미룬 분들에게

친구들아 힘을 내라!

수험생 여러분! 힘과 용기, 자신에 대한 믿음을 놓지 말고 하루

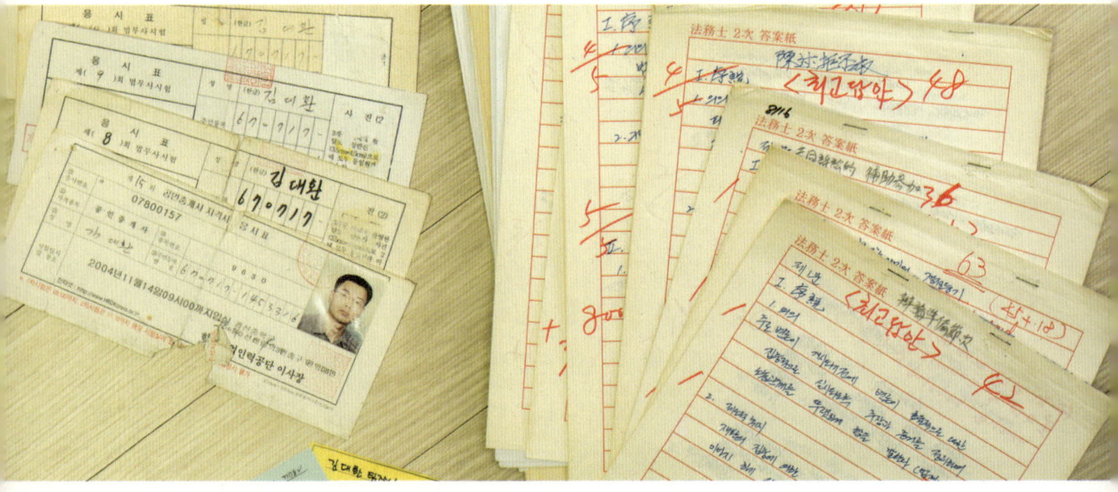

라도 빨리 일어서십시오. 스스로 먼저 일어서서 가족들에게 믿음을 주십시오. 새로운 시작이 처음보다 어렵겠지만 일단 시작하면 그 적응과 속도는 단지 기우였음을 알게 됩니다.

10. 기억해야할 분들

돌아가신 할머니, 외할머니, 아버지, 청상에 홀로되셔서 그 고생 이루 말로 다할 수 없는 어머니, 동생, 형, 누나, 큰아버지, 큰어머니 고맙습니다. 돌아가실 때 아무것도 못해드린 장인어른, 막내사위 때문에 마음고생하신 장모님 고맙습니다. 떨어질 때마다 이튿날 바로 눈물을 감추며 서울로 보내준 아내, 새로운 삶의 고민을 안겨준 다현, 다경, 사랑한다.

11. 얻은 것과 잃은 것

공부로 인해 잃은 것들이 많습니다. 작년과 재작년 2차 시험 후 난생 처음으로 일용직 노동일을 경험하며, 배운 것도 많지만, 그때 발목을 다친 훈장(?)으로 이젠 좋아하는 축구를 할 수 없다는 것도 아쉽습니다. 그리고 본의 아니게 나로 인해 상처와 아픔을 받은 분이 있다면 고개 숙여 사죄드리오니 넓은 아량으로 용서를 구합니다.

'아내 잘 만나서 공부 한다'라는 소리를 듣지 않으려고 독서실과 고시원의 총무, 노동, 학원 스터디 팀장을 한 것은 나의 최소한의 자존심이었습니다. 이번의 합격이 모든 것을 보상하는 것은 아닌 듯합니다. 이제부터라도 천천히 잃었던 것들을 찾아 나서렵니다.

– '법무사시험 실패담..... 그리고, 합격기'(부제: 2년 늦게 붙는 법)
제11회 법무사시험 합격자 김대환 팀장(넥서스 로스쿨반)

그동안 법원직, 검찰직 공무원의 직급별 근무연한에 따른 사법서사 직위를 자동으로 부여했던 방식이 1990년대 초 헌법소원의 인용에 따라 일반 국민의 헌법상의 평등권과 직업선택의 자유에 따라 일정 수준의 시험을 통과한 국민에게 법무사의 직을 부여하면서 그 업무 범위를 확대하여 법원, 검찰청에 제출하는 모든 서류의 작성 및 제출, 신청의 대리권을 부여하게 되었다.

이에 법무사는 매매, 증여, 상속 등의 부동산 등기, 회사설립 등의 상업 등기, 사단 및 재단법인 등기, 소장 작성과 답변서 등 준비서면 작성의 민사사건, 가압류, 압류, 가처분의 보전처분 사건, 개명 호적 정정 등의 가사소송 사건 및 가족관계등록부 사건, 고소 및 고발의 형사사건, 공탁 사건, 회생 및 파산신청 사건 등을 그 업무 범위로 하고 있다.

합격 후 무료법률상담과 인천 서구 선거관리위원, 사회단체보조금심의위원, 지방세 심의위원 등 여러 위원회와 민선 5기 인천서구청장(전년성)인수위원회 인수위원으로 활동했으며 인천민주화운동계승사업회 감사와 이사, ROTC민주포럼 상임공동대표, 사단법인 참교육을 위한 전국학부모회 인천지부 창립준비위원으로 활동하고 있다.

법무사의 사회참여에 대한 토론문

김대환 11기, 인천서구, 참교육을위한전국학부모회 인천지부창립준비위원회준비위원장

최인수 법무사님의 발제를 잘 들었습니다.

먼저, 초기 시험 법무사로서 경실련 활동을 비롯한 다양한 분야에서 활발한 시민운동과 법무사의 위상을 제고해 오신 법무사님의 노력에 후배 법무사로서 감사를 드립니다.

시민운동의 개념에서 언급하신 때로는 행동으로, 때로는 연대와 협력을 통하여 시대의 필요를 수용해 나가는 참여민주주의의 한 형태라는 말씀에 공감합니다.

2. 법무사의 시민운동에의 역할에서

시민운동에의 참여를 통해 각종의 법령과 조례를 해석하는 문제를 접하게 되고 법령이나 조례의 제·개정 등 입법운동을 마주치게 되므로 이에 대한 법무사의 참여는 매우 자연스러운 일입니다.

3. 법무사의 시민운동 참여 현황에서

인접 그룹의 비교적 활발한 참여에 비하면 아쉬운 점을 지적하면서 그 이유로 우선 스스로의 인식 때문에 생기는 법무사의 소극성을 생각해 볼 수 있다고 했는데 다만 각기 각처에서 활동하는 보이지 않는 법무사들이 많다는 점도 꼭 언급하고 싶습니다.

동시에 법무사 스스로의 인식을 지적한 부분에서는 법무사 시험의 다양한 시험 과목과 그 수준에서 볼 때 능히 자신감으로 참여해도 된다고 보며 오히려 실무와 생활법률 부분에서는 그 능력을 더 발휘할 수 있다고 생각됩니다.

다음으로, 새로운 목표설정의 의지가 비교적 적다는 면에서는 법무사라는 자격 취득에 치중하다 보니 시험 이후에 대해서는 준비가 부족하다는 점에서 법무사 업무와 각자의 관심사에 대한 사회발전에 기여함이 별개가 아니라 오히려 시너지 효과도 있음을 생각해 볼 문제라고 봅니다.

4. 시민운동 참여의 기대효과로

개별 법무사의 입장에서 정치, 사회 구조와 시스템에 대한 이해의 확대를 통해 좀 더 폭넓은 법률가의 시각을 갖출 수 있다는 부분에 적극 공감하며 다양한 법률상담이나 의뢰인을 대함에 있어서도 원활하고 한 층 유연하게 된다는 점을 경험할 수 있다고 봅니다.

법무사 업계 전체의 입장에서 법무사 업계의 현안 문제의 공론화를 위해서는 평소 시민운동과의 접촉면의 확대가 필요하다는 점, 업계 내부에 다양한 시각을 제공한다는 점, 공적기구에의 참여로 업계의 의견을 반영할 수 있는 기회가 될 수 있다는 점은 법무사의 시민운동 참여의 커다란 장점이라 할 수 있겠습니다.

5. 업계 차원의 시민운동 지원에서
법무사의 시민운동 참여가 개별 법무사의 활동으로 그 지속성을 담보하기는 쉽지 않다는 점에서 협회나 지방회 차원에서 시민운동 단체를 지원하는 활동과 참여 법무사를 지원하는 두 가지 측면을 제시하면서 '사회참여지원센터' 같은 것을 설립하는 것을 제안한 점에 적극적으로 찬성하며 긍정적으로 고려해 볼 만한 주제라고 봅니다.

실용주의와 시민의 관점에서 공공의 이익이 판단기준이었다는 점에서는 공감하며 미래세대를 위하여 문제를 유보하는 것 또한 대안이기도 하지만 적극적으로 미래세대를 기준으로 선도적으로 판단하는 것도 필요하다고 봅니다.
급변하고 다양한 시대 변화에 있어서 시험법무사의 역할과 적극적인 시민사회활동에의 참여가 갈수록 중요시 되는 때라고 생각합니다.

4.27판문점평화선언 및 북미정상회회담에 대한 대한민국ROTC민주포럼 지지 성명

암흑의 일제강점기를 벗어나고도 냉전체제로 인해 한민족은 분단의 고착화와 군사적, 적대적 대립관계로 또다시 70여 년의 세월을 보냈습니다.
남과 북이 한반도 평화와 겨레의 번영 및 민족의 통일을 위한 노력이 없었던 것은 아니나 국제관계에서 주변 강대국의 이해관계는 민족의 염원과 같지 않았습니다.
이제 다시 남과 북이 분단과 적대적 대립관계를 종식하고 민족화해와 평화번영의 길로 향하고 있습니다.
이에 "대한민국 ROTC민주포럼" 은 남북한 8천만 동포 모두가 염원하는 한반도 평화체제 완성에 동참하며 "한반도 평화와 번영, 통일을 위한 판문점 회담"의 성과 및 이어지는 "북·미 정상회담"에 관하여 아래와 같이 지지합니다.

-아 래-

- 현 정부의 평화체제 수립에 대한 속도와 방향을 지지한다.
- 현 정부의 한민족 평화와 통일을 위한 시대적 사명에 대한 인식을 지지한다.
- 과거 두 차례 정상회담과 여러 관계개선 협정이 현실화 되지 못했던 국제관계 변수와 상호불신의 장애를 극복할 현 정부의 능력을 신뢰한다.

우리 "대한민국 ROTC민주포럼"은 흔들림 없이 지속 가능한 평화체제 구축이 실현될 수 있도록 온 겨레가 단일대오의 지지를 높이 세워주기를 간절히 염원한다.

2018. 05. 04.
대한민국ROTC민주포럼

전국의 각 광역시도에는 서울의 이소선합창단, 부산의 박종철합창단, 광주의 1987합창단, 안산의 4.16합창단 등 민주시민합창단들이 활동 중이며 인천에는 5.3합창단(단장 송경평, 운영위원장 이화규)이 있다. 1986년 5월 3일 인천에서 있었던 5.18 광주민주항쟁 이후의 최대 규모의 민주항쟁을 기념하는 합창단이다. 창립 감사로서 '5.3합창단'의 명칭과 5.3을 주제로 한 깃발을 제안하고 '5.3 민주광장의 힘' 이라는 단가도 단원들과 함께 작사하여 활동 중이다.

인천민주화운동계승사업회
이우재 이사장, 원학운 전 이사장,
5.3합창단 송경평 단장

5.3민주항쟁가

김대환

오월정신 이어받아 팔육 오 삼
원했네 대통령을 내 손으로
뭉쳤네 부산에서 광주에서
대구에서 대전에서 여기 인천
외쳤네 직선 개헌 독재 타도
거부했네 군부 독재 여야 야합
각오했네 구속 죽음 혁명을 향해

주안 전철 시민회관 손수레 마차
그것은 해방의 공간 해방구
인천을 넘어서는 온나라 시민
죄어오는 페퍼포그 포위망
시민을 좌경용공 소요죄 누명
하늘나라 종철 한열 6월 디딤돌
대답하라 팔육 오 삼 그날을 위해

어머니의 인두암, 그리고 필담

말띠 팔자에 좋다는 결혼에도 결국엔 팔자를 고치지 못하고 청상에 홀로되어 내가 결혼하기까지 평생을 행상, 직공, 노점상으로 고생했던 어머니. 2013년 여름에 목소리가 이상해서 동네 병원에 한 달 이상을 다녔는데 차도가 없더니 결국 대학병원에서 '인두암'이라는 청천벽력 같은 소리를 들었다. 가까운 병원만을 고집한 것이 병을 키운 셈이 되어 속이 상하고 자책도 했다. 목 부위의 암인 인두암은 평생 고생하신 마음의 병이 원인이 되었다고 직감했다. 어머니가 남긴 환자식과 컵라면, 아내의 도시락으로 숙식을 해결하며 업무를 보았다. 보호자 대기실의 의자들을 모아서 잠을 자고 어머니의 대소변도 다른 사람에게 맡기고 싶지 않았다. 마지막까지 최선을 다하고 싶었다. 주치의와 크게 다투기도 했다. 고민 끝에 목에 삽관을 한 후에는 더 이상 어머니의 목소리를 들을 수 없었다.

결국 어머니와는 필담을 나눌 수밖에 없었다. 중학교까지는 공부하시고 필체가 좋았지만 날이 갈수록 볼펜을 쥐는 힘이 약해지고 몇 자 못 적더니 결국엔 알아보기도 쉽지 않았다. 어머니의 필담노트는 또 다른 유품이었다. 입원실을 나선 후 돌아오지 못하는 옆 침상의 환자들을 보는 것과 돌아가시기 전날까지도 서로들 다투는 모습들을 보면서 삶과 생명과 인생에 대하여 여러 생각을 했

어머니와 필담 노트는 유품이 되었다

던 시간이었다.

일흔셋. 마음이 아팠던 만큼 그 만큼 일찍도 돌아가셨다. 장례식장에 안치하고 집안 큰 형님과 형수님 앞에 아내와 앉았는데 울컥 눈물이 쏟아질 듯 해 바로 돌아서 창문으로 걸어가 눈물을 삼키고 삼켰다. 두 분과 아내가 눈치를 챘는지 모르지만 어느 누구에게도 눈물을 보였던 적이 없었다.

어렵게 살면서 편모 가정의 복지에 신경 쓰는 정치인이 되고 싶었다. 어머니도 생전에 '네가 정치를 하면 잘 할 텐데'라고 말씀하시곤 했다. 홀어머니의 갑작스런 병환으로 1년 동안 생계를 접고 간호했으나 어머니는 살아계신 동안에 몸소 보여주신 정직함과 성실함이라는 큰 유산과 함께 낡은 지갑 속에 41,610원을 물려주시고 하늘나라로 가셨다. 어머니를 아버지 곁에 모시고 와서는 나는 아이들에게 무엇을 남겨줄 것인가? 무엇을 남겨줄 수 있을까를 생각했다. 그리고 어머니께서 몸소 보여주신 정직, 근면, 성실, 노력, 끈기, 인내와 그러한 태도로 공부하는 방법을 '아빠가 다현, 다경 , 기현에게 남겨줄 유산'이라는 편지 형태로 적었다. 어린 시절 거의 매 학년마다 전학을 해야 했던 경험이 무척 힘들었던 내 자신이었지만 내 공부 때문에 딸들을 전학시킬 때는 마음이 무척이나 무거웠다. 다행이도 두 딸 모두 적응을 잘해주어 얼마나 고마운 일인지 모른다. 고맙게도 아이들이 어려운 상황마다 아빠가 써준 편지를 이해하며 잘 이겨내는 것을 볼 때면 스스로 생각해도 잘한 일이라고 생각하곤 한다.

어머니를 가까운 인천에 모시고 싶었지만 경황이 없어 공주 선영의 아버지 곁에 모시고 올라와 거울 속의 덥수룩한 수염의 나를 보았다. 순간 스쳐가듯 그저 그냥 수염을 자르고 싶지 않은 마음이 들었다. 어머니와 나의 수염은 그냥 그렇게 내가 되었다. 사정

고향 마곡 선산에서

을 모르는 이들은 내게 수염을 왜 기르느냐고 묻곤 하지만 그저 자르지 않고 그냥 두는 것이라고 할 뿐, 그 이유를 말로는 설명할 수가 없다.

아빠가 다현, 다경, 기현에게 남겨줄 유산

아빠는 요즘 우리 큰 딸 다현이가 중학생이 되어서 걱정이 많단다. 초등학교는 6년이라 오래 걸리지만 중학생이 되면 금방 3년이 흘러가고 고등학생이 되기 때문이란다.

엄마는 똑똑하고 열심히 공부해 국립 전주교육대학을 졸업하고 너희들을 학교에서 가르치고 계시는 선생님들과 똑같은 훌륭한 선생님이 되었으니 엄마 말씀을 선생님 말씀처럼 똑같이 듣는다면 너희들도 공부를 더 잘할 수 있고 엄마처럼 훌륭한 사람이 될 수 있단다.

아빠는 공부를 열심히 했지만 아주 잘하는 편은 아니었다.

지금 생각해 보면 공부하는 방법을 잘 몰랐던 것 같단다.

그런데 아빠는 법무사 시험공부를 하면서 뒤늦게 공부하는 방법을 알게 되어서 그때부터 나중에 너희들이 중학생 정도가 되면 꼭 그 공부하는 방법을 알려주어야 되겠다고 생각하고 있었단다. 다른 어떤 큰 재산이나 돈을 물려주는 것보다도 공부하는 방법을 알려주어서 훌륭한 사람이 되도록 하는 것이 더 중요하다고 생각한단다.

그것은 공부를 했던 부모를 둔 너희들의 복이기도 하고 또 그렇더라도 그냥 말로 표현해서는 잘 전달이 안 되기 때문에 전에부터 생각하던 글을 써서 너희들에게 남겨주고 싶었단다.

공부는 수업시간에만 하는 것이 아니란다.

공부를 잘하려면 우선은 수업시간이 재미있어야 한단다. 그런데 수업시간이 쉬는 시간도 아닌데 어떻게 재미가 있을 수 있을까? 그것은 바로 선생님께서 수업시간에 하시는 말씀이 무슨 말씀인지 무엇을 가르치고 설명하려는지 알아듣게 되면 그것이 바로 수업시간이 재미있는 것이란다. 선생님 말씀이 도대체 무슨 말씀인지 무엇을 설명하시는 것인지 못 알아 듣는다면 수업시간이 재미없고 졸리고 쉬는 시간만 기다려지게 된단다.

수업시간이 재미있으려면 선생님 말씀을 알아들어야 하는데, 수업이라는 것이 다음 시간이 되고 학기가 바뀌고 학년이 바뀌면서 좀 더 어렵고 새로운 것을 처음으로 배우고 듣는 것인데 어떻게 재미가 있을 수 있겠니? 당연히 어렵고 이해가 잘 안되고 그러면 재미가 없어지게 되지 않겠니?

그런데 다음 시간, 다음 학기, 다음 학년에 배우는 부분이 전혀 새로운 것이 아니라는 것이 중요하단다. 그것은 이전 시간 이전 학기 이전 학년에 배운 것이 바탕이 되어서 그 부분에 조금만 더 새로운 것을 얹어 놓은 것일 뿐이란다.

그렇기 때문에 그 다음 시간에 배울 부분을 미리 읽어보면 전혀 이해가 안 가는 것이 아니라 어느 정도는 거의 전에 배운 부분이라서 대부분 이해가 된단다. 그것이 바로 예습이라는 것이란다.

예습을 하면 대부분은 아는 부분이고 모르는 부분은 저절로 체크가 된단다. 그 모르는 부분은 새롭게 추가된 부분이란다. 그렇게 진도 나갈 부분을 미리 보았기 때문에 수업시간이 되면 선생님 말씀이 귀에 잘 들어오고 이해가 되고 수업시간이 재미있고 새로 추가된 잘 모르는 부분에 더 신경 써서 듣게 되고 그러면 몰랐던 부분까지 알게 된단다.

미리 집에서 오늘 수업시간에 나갈 부분을 보고 와서 수업 듣는 사람과 그냥 와서 수업시간만 잘 들으려는 사람과는 이미 엄청난 차이가 나는 것이란다. 예습한 사람은 잘 알아들으니까 재미있지만 그렇지 않은 사람은 처음 배우는 부분은 물론이고 예전에 배운 것이라도 시간이 지나서 오래되었으니까 잊어버렸기 때문에 선생님 말씀이 잘 이해가 안 되고 수업시간이 재미없게 되는 것이란다.

예습을 하고 수업을 들으면 미리 보고 왔기 때문에 선생님께서 무슨 말씀을 하시는지 알기 때문에 머리를 많이 안 써도 되고 예습하면서 몰랐던 부분에 더욱 집중할 수가 있어서 수업 시간이 편안해 진단나. 그렇게 하면 복습은 하시마라고 해도 저절로 하게 된단다. 왜냐하면 미리 예습을 했기 때문에 모르는 부분이 많지 않아서 수업시간에 그 부분에 집중해서 듣게 되어 알게 되고, 예습했던 것과 다른 부분이 적기 때문에 많은 복습시간이 필요 없이 저절로 궁금해서 복습을 하게 된단다.

그렇게 하면 수업시간 한번으로 공부하는 것이 아니라 예습한번, 수업시간 한번, 복습 한 번의 세 번의 공부가 되는 것이지만 예습하지 않는 학생은 예습도 안했고 수업시간에 잘 이해가 되지 않아 재미가 없어서 수업도 잘 되지 않고, 잘 모르니까 복습할 부분이 너무 많아서 복습도 잘 되지 않아서 한 번도 제대로 공부를 못한 셈이 되어 다시 예습할 시간도 없어서 재미없는 수업시간이 반복되는 것이란다.

아빠도 처음부터 이렇게 했던 것은 아니었단다.

처음에는 회사 다니면서 강의를 들었으니까 당연히 예습을 못했었단다. 그랬더니 수업시간이 재미없고 졸리고 선생님에게 물어볼 것이 너무 많고 복습 분량이 너무 많아서 잘 안되는 악순환이 계속되었었단다. 그러니까 수업료만 낭비한 셈이 되고 몸도 힘들고

성적도 안 오르고 스트레스만 받은 적이 있었단다. 그래서 본격적으로 공부할 때에는 다음날 수업 중에서 예습을 안 해도 되는 과목, 예습을 조금만 해도 되는 과목, 예습을 꼭 해야 하는 과목을 나누어서 시간을 안배해서 예습을 하고 수업을 들었더니 선생님 말씀이 귀에 들어오기 시작하더라.

집이나 독서실 와서 수업시간에 몰랐거나 어렵고 중요한 과목과 부분을 복습하고, 다음 진도 나갈 부분을 예습하고, 다음날 학교 가서는 수업 시작 전 쉬는 시간에 어제 예습한 부분을 간단히 보고나서 수업 듣고 수업 끝난 쉬는 시간에 전 시간에 수업 중 집에 가서 복습할 부분을 간단히 보고 체크하고, 다음수업 준비하고… 집에 와서 또 다시 복습 예습…

그렇게 공부는 예습, 수업, 복습의 반복이지만 그 중에서도 가장 중요한 시작은 바로 예습이고, 그러면 수업시간이 당연히 기다려지고 재미있고, 복습도, 저절로 간단하게 해결된단다.

너희들은 꿈이 있고 장래희망이 있잖니. 아빠는 너희들이 되고 싶은 꿈이 무엇이든지 좋단다. 그런데 그 꿈은 늘 변하기도 하지만, 그것이 무슨 꿈이든 기본적으로 공부가 되어야 한다는 것이란다. 공부하지 않고 이룰 수 있는 꿈은 세상에 없단다. 그렇기 때문에 공부하는 방법을 경험이 있는 엄마, 아빠니까 알려주는 것이고 그렇지 않으면 나중에 아빠가 후회할지 몰라서 이렇게 적어 보았단다.

결론은 그렇게 공부를 하려면 수업시간이 재미있어야 하고 그러려면 예습을 해야 한다는 것이다. 한마디로 말하면 예습이 되겠지.

이것은 아빠가 공부하면서 일 년에 일만 명 이상의 사람들과 경쟁해서 120명 뽑는 시험에 좋은 성적으로 다른 사람들 보다 빨리 합격하는 과정에서 실패와 성공의 살아있는 경험으로 나온 것이니 잘 새겨서 공부가 잘 안될 때 간간이 읽어보았으면 한다. 그리고 먼 훗날 이러한 아빠의 경험에다 너희들의 경험을 더 얹어서 너희들의 자손과 그 자손들에게도 물려주었으면 하는 바람이다.

이것이 아빠가 너희들 자식들에게 물려줄 수 있는 가장 중요한 아빠의 유산이란다.

적은 김에 팁으로 공부하는 기술적인 측면을 보면…

책이나 문제집에 볼펜이나 색깔 있는 것은 가능한 한 쓰지 말고 지울 수 있도록 처음에는 연필로 적거나 줄을 그었다가 나중에 다시 볼 때에 이해되었거나 필요 없는 부분이면 지우거나 그 때 가서 색깔 있는 펜이나 다른 색, 굵은 색등으로 중요 부분을 표시해두면 나중에는 두꺼운 책도 시험 직전이나 짧은 시간 안에 볼 수 있단다.

시험은 비슷하거나 비교되거나 헛갈리는 부분이나 반대되는 부분 등에서 많이 나오는데 그런 부분을 서로 표시해두어서 한 부분을 볼 때 다른 부분도 같이 보게 되면 많은 도움이 된단다.

교과서의 한 단원의 예습이나, 수업이나, 복습 후에 그 부분의 문제집을 조금이라도 풀어보면 시험이 어떻게 나오는지, 무엇이 중요한지 크게 도움이 된단다. 예를 들어 시간이 없으면 한 페이지에 한두 문제나, 짝수 문제만 이라도 말이지.

결국은 시험으로 평가하기 때문에 교과서만 보아서는 완전히 이해했다고 할 수가 없는것 이란다.

문제집을 풀 때는 완전히 이해해서 맞춘 문제라서 다시 풀어도 언제든지 맞출 수 있는 문제, 틀린 문제, 맞추었어도 다시 봐야 할 문제 등으로 구분해서 표시해두어서 반복해서 보는 것이 중요하고.

야구와 정치

나는 현재 한미 프로야구와 뉴스를 즐기며 잘하지 못하는 낚시와 천렵, 캠핑을 좋아하고 인천 5.3 민주시민 합창단 베이스 단원, 인천민주화운동계승사업회 이우재 이사장님을 만나 논어, 장자 등 중국 고전 강좌를 수강하고 있다. 정태춘, 박은옥의 '다시 첫차를 기다리며' '그리운 어머니' 등 주옥같은 가사와 안치환의 노래를 즐겨 들으며 두 가수의 목소리를 특히 좋아한다. 다변, 달변이기보다는 핵심을 짚는 능력과 회의 진행, 중재에 강점이 있으며 인천노사모가 주최한 노무현 대통령 연설대회에서 대상을 받는 등 대중 연설의 설득력과 호소력은 가장 자신이 있다. 언젠가 썼던 야구 관전기를 옮겨본다.

류현진, 추신수, 이대호 선수에 더하여 개인적 연고와 무관한 신생팀 김경문 감독의 NC공룡 경기가 흥미롭습니다. 4월의 혹독한 실수와 연패 신고식에 김응룡 감독의 한화 독수리와 함께 누가 먼저 승리를 거두는지 다투더니 5월부터는 점점 적응해 가는 모습들. 고향 공주고 대통령기 우승. 공주 시내 카퍼레이드의 그 김경문 감독. 두산 감독 시절 김성근 감독의 SK비룡과 가을야구 라이벌로 국가대표 감독도 훌륭하게 수행하더니 신생 아기공룡을 수비와 공격, 하나하나 완성해 가는 모습이 아름

답습니다. 이젠 마무리 불펜 투수까지 보완한다면. 오늘 드디어 삼성에 승리하며 전 구단을 상대로 승리를 했으니 머지않은 시간 내에 완전히 적응할 것입니다.
새삼 리더와 리더십의 중요성을 생각하게 합니다.
고액 연봉 스타플레이어가 아닌 이름 모르는 선수들의 그동안의 고생과 눈물과 노력과 보상과 성공이 점점 다가오는 모습들. 그렇게 조련하는 감독과 코치진들. 그동안 내가 응원하던 SK와이번스 등에서 보호받지 못하고 이적해 온 이호준, 모창민 선수 등의 친정팀을 상대로 한 활약상을 보는 것도 재미가 쏠쏠합니다. 분명한 것은 김경문 감독은 김성근 감독과는 또 다른 스타일과 색깔의 훌륭한 감독이라는 것입니다.
1982년 중3 프로야구 출범때 부터의 파란만장 우여곡절에도 굴하지 않았던 골수 인천 팬인 내가 연고와 무관한 NC다이노스 신생팀에 눈길이 가는 이유입니다. 18연패 고 김진영 감독, 장명부 투수의 삼미 수퍼스타즈 ~ 청보 핀토스 ~ 태평양 돌핀스 ~ 현대 유니콘스 ~ SK와이번스 ~ SSG랜더스까지 인천 숭의동 도원 야구장 위에 있던 광성고등학교까지 다녔으니 야구 때문에 학력고사 점수가 몇 점이나 낮아졌을까요? 또 다른 삶을 살고 있을지? 이제 SK와 NC 그리고 고향 한화까지, 어디를 응원해야 하나?

야구를 좋아하는 나는 가끔 야구를 통해 정치를 생각해 본다.
'야구란 무엇인가?' 만일 이 질문을 야신이라 불리고 있는 김성근 감독에게 던진다면 어떻게 답할까? 모르긴 해도 '아직까지도 잘 모르겠다.'라고 답하지 않을까? '정치란 무엇인가?'라는 질문을 다선을 기록한 의원에게 한다면 그 역시도 '정치, 그거 참 잘 모르겠

습니다.' 라고 답할 것이다. 만일 정치가 무엇인지 자신감을 나타내며 술술 답하는 사람은 분명히 정치의 일부만 경험하거나 주마간산으로 살펴보고 대답할 가능성이 높다. 어떤 분야든 그 분야를 다양한 측면에서 점점 더 깊이 알게 될수록 그 분야를 참 알기 힘들다는 생각을 하는 것이 일반적이다.

국어사전에서 '정치'를 찾아보면 "나라를 다스리는 일. 국가의 권력을 획득하고 유지하며 행사하는 활동으로 국민들이 인간다운 삶을 영위하게 하고 상호간의 이해를 조정하며 사회 질서를 바로잡는 등의 역할을 한다." 다른 사전에는 "통치자나 정치가가 사회 구성원들의 다양한 이해관계를 조정하거나 통제하고 국가의 정책과 목적을 실현시키는 일. 또는 개인이나 집단이 이익과 권력을 얻거나 늘이기 위하여 사회적으로 교섭하고 정략적으로 활동하는 일"이라고 나와 있다. 정치에 관한 사전의 뜻풀이를 보면서 사전에 나와 있는 간략한 뜻풀이만 가지고는 매우 복잡한 정치의 의미를 설명할 수 없다. 더구나 현실 정치는 매우 복잡하고 변화가 심하기 때문에 '정치란 무엇인가?'라는 질문의 답은 이 질문에 대답하는 사람 숫자만큼 많은 대답들이 나올 수 있다.

현실 정치를 제법 경험해 본 사람들은 보통 '정치는 생물이다.' 라고 한다. 현실 정치는 마치 살아 있는 생명체처럼 항상 움직이고 예측할 수 없을 만큼 자주 변화한다는 뜻일 것이다. 정치인들이 생각하고 계획한 대로 정치가 된다면 좋겠지만 절대로 그렇게 되는 경우는 없다. 항상 돌발 상황이 만들어지거나 생기고 예상하지 못했던 변수가 나타나면서 어떤 방향으로 바뀔지 모르는 것이 정치다. 그렇기 때문에 일관된 소신으로 항상 변화하는 현실에 적절하게 대처하는 정치적 행보를 걷는 것은 쉬운 일이 아니다.

정치는 '예술이다.' 라는 말도 있는데 역시 맞는 말이다. 최고의 정치는 놀라운 정치적 상상력과 의외의 창조적 발상이 만났을 때 현실화되기 때문에 정치를 예술이라고 표현할 수 있다. 대부분의 사람들이 전혀 상상하지 못하는 새로운 모양의 정치지형도를 만들어내는 정치행보를 보인다던지 절대적으로 타협이 불가능한 정치적 사안들이 그야말로 정확한 타이밍에 극적으로 타협이 되었던 현실정치 사례를 종종 마주하기도 한다. 이와 같은 상황을 만나게 되면 마치 예술적 상상력과 창조성이 합쳐져서 만들어진 걸작을 감상하고 있다는 착각에 빠질 수 있다.

가치의 정치,
진심의 정치, 행동의 정치

정치는 가치이다. 정치를 가치라고 하는 것에 동의하는 사람들이 많지는 않다. 그 이유는 정치는 다양한 이해관계들을 조정해서 타협과 합의를 만들기 때문이다. 그러나 이해관계들의 충돌을 조정하고 타협을 이끌어 낼 때에도 그 기반이 되는 것은 가치이다. 서민을 중심에 두고 서민의 권익을 최우선으로 하겠다는 서민중심 가치를 추구하는 정치인과 경제 성장의 중요성을 강조하며 성장중심 가치를 지향하는 정치인이 있다면 두 정치인이 펼치는 의정 활동은 크게 달라질 수밖에 없다.

정치는 진심이다. 여기에서 진심은 한자로 眞心과 盡心을 모두 뜻한다. 진심으로 주민들에게 다가가 소통하고 진심으로 국민의 아픈 곳을 치유하려 노력하고 진심으로 국가 발전을 위한 일에 헌신하는 자세가 바탕이 되지 않는다면 정치인이 아니라 정치기술자에 지나지 않는다. 마음을 다한다는 뜻의 진심(盡心)도 중요하다. '마음이 콩밭에 있다.'는 말이 있는데, 정치인이 주민과 지역과 국가를 위한 일에 마음을 집중하여 매진하지 않고 그야말로 '마음이 콩밭에 가 있는' 경우가 드물지 않다. 국민은 어리석지 않다. 진심(眞心)으로 마음을 다하는 정치만이 국민에게 신뢰를 얻고 인정받을 수 있다.

정치는 행동이다. 우리나라의 정치인 대부분은 정치인이 되기 전부터 각자의 분야에서 높은 전문성과 풍부한 경험 그리고 괄목할 만한 성과를 쌓아 온 사람들이다. 단적으로 말해서 다들 머리가 좋은 사람들이다. 그렇다면 정치인들이 머리가 좋지 못해 국민들이 정치권을 신뢰하지 못하는 것은 아니라고 할 수 있다.

그렇다면 무엇이 문제일까? 좋은 머리에 비해서 부지런한 행동이 부족하기 때문이다. 각계각층 국민들이 살아가는 민생 현장에서 그들의 의견을 경청하고 대화하려는 노력이 부족했다는 것이다. 문제가 있는 곳이면 어디든 현장으로 부지런히 달려가고 설령 문제가 없더라도 평소에 꾸준히 현장을 찾는 것이 정치의 핵심이어야 한다. 주민 중심 가치를 일관되게 추구하면서 진심으로 마음을 다 하여 지역 주민들의 삶의 현장을 향해 부지런히 움직이는 것, 이것이 내가 추구하는 '정치'다.

시민과 함께 하는
준비된 사람

정치인들은 항상 선거를 앞두고 '준비된 대통령', '준비된 도지사' 등 '준비된~' 을 부각시킨다. 무엇이 준비되어 있다는 말일까? 다년간의 시민 운동 경험, 지역 활동 경험, 정치 경험, 행정 경험, 자기 분야의 실무 경험 등을 쌓았다는 것이다. 그러나 정치인의 준비는 경험과 일처리 능력으로만 국한될 수 없다. 경험과 일처리 능력 외에도 다양한 자질이 필요하다. 경험에 비추어 볼 때 또 많은 정치인을 가까이서 또는 멀리서 겪어본 바에 따르면 성공적인 정치인이 되려면 다음과 같은 자질이 필요하다.

첫째, 성실이다.

즉 부지런해야 한다. 다른 직업·직종들에서도 성실하지 못하면 성공하지 못하는 것이 당연하지만 정치는 특히 그렇다. 정치 활동은 정치인에게 여유를 주지 않는다. 아침 일찍부터 저녁 늦게까지 다양한 일정들이 빽빽하게 들어찬 하루하루를 보낸다. 만일 정치인이 조금이라도 나태해져서 게으름을 부리기라도 하면 곧바로 뒤처진다. 여러 정치인 중에 그런 상황에 처하여 크게 곤혹스러워하는 사람들을 자주 보았다. 어쩌다가 하나둘씩 일정을 어기기 시작하면서 당장 '저 사람은 불성실하다.'라는 평가가 시작한다. 한 번 그런 평가를 받으면 다시 회복하는 데 엄청난 노력과 시간이 필요하다. 성실하지 않으면 아무 것도 없다. 정말 그렇다. 특히 정치에서는 더욱 그렇다.

둘째, 겸손이다.

고개를 깊이 숙이고 몸을 한껏 낮춰야 한다. 정치인들은 대부분 나름대로 '잘 난 사람들이다.' 정치에 입문하기 전부터 각자의 분야에서 '유명 인사들'이 많다. 그래서인지 선거 때만 표 달라고 고개를 깊이 숙이고 당선되고 나면 고개 숙이는 각도가 달라지는 경우도 많다. 정치인은 선거 때든 평시든 늘 겸손해야 한다. 정치인은 국민의 심부름꾼, 공적 심부름꾼이다. 그래서 정치인이나 공무원을 공복이라고 한다. 심부름꾼이 자신에게 심부름 시킨 국민보다 높을 수는 없다. 그것을 잊은 채로 정치인이 마치 주인이고 주민들이 아랫사람이 된다면 주인인 주민들에게 준엄한 심판을 받을 것이다.

셋째, 노력이다.

꾸준하고 부지런하게 공부해야 한다. 아무리 뛰어난 능력을 지닌 정치인이라 해도 한계가 있기 마련이다. 정치는 어느 특정 분야만을 대상으로 하는 것이 아니고 국민 생활과 관련 있는 모든 분야를 다루어야 한다. 모든 분야에서 전문성을 갖춘다는 것은 불가능하다. 한 분야에서 오랜 세월 행정 실무 경험과 정책 전문성을 쌓아온 행정부 공무원들을 견제하고 감시할 뿐만 아니라 정책 대안까지 제시해야 할 사람이 바로 정치인이다. 그렇기 때문에 부지런히 공부하는 수밖에 없다. 그것도 꾸준하고 부지런하게 해야 한다. 정치인이 해야 하는 공부는 무작정 책만을 보는 것이 아니다. 어떤 분야의 전문가와 대화하는 것도 매우 효과적인 공부다.

인천대학교 선배이며 더불어민주당 인천시당 위원장 김교흥 국회의원과 함께.

책 열권 읽는 것보다 전문가 여러 사람과의 대화가 더욱 효과적일 수 있다. 정치인은 현장에서 배우고 전문가와 대화하며 대안을 준비하면서 관련 자료도 숙지도 꾸준히 하는 공부를 늘 해야 한다.

넷째, 약속을 지켜야 한다.

약속은 매우 신중하게 해야 한다. 지키지 못할 약속은 하지 말고 한 약속은 반드시 지켜야 한다. 공자는 제자 자공이 정치의 참된 길을 묻자 이렇게 답했다. "음식이 풍족하고 군비가 넉넉하며 백성의 신뢰를 얻는 것이다." 요즘 말로 경제, 국방, 신뢰를 정치의 핵심으로 말한 것이다. 자공이 그 셋 중 하나를 버려야 한다면 어떤 것이냐 묻자 공자는 군비를 먼저 버리겠다고 했고 또 하나를 버려야 한다면 음식이라 말했다. 그리고 "백성들의 신뢰가 없으면 아무 것도 설 수 없다."(民無信不立)라고 말했다. 『논어』에 나오는 무신불립(無信不立)의 가르침이다. 그러나 아무리 최선을 다하여 신중하게 약속하고 지키기 위해 노력하더라도 정말로 부득이하게 약속을 지키지 못하게 될 때가 가끔 있을 수 있다. 그럴 땐 어떻게 해야 할까? 적당히 뭉개려 하지 말고 솔직하게 임하는 것이 제일이다. 약속을 지키지 못하게 된 부득이한 상황이나 원인을 솔직하고 정확하게 말씀드리고 용서와 양해를 구하는 것이 최선이다.

다섯째, 낙관해야 한다.

이제 시작하는 정치인으로서 생활은 많은 고비와 위기를 동반할 것이다. 어떨 때는 한 치 앞도 보이지 않는 캄캄한 밤길을 홀로 걸어가야 하는 경우도 생길 것이다. 자신의 의지와 상관없이 억울한 상황 또한 얼마든지 있을 수 있다. 이렇게 늘 다사다난할 수밖에 없는 정치인의 삶에서 긍정마인드는 정말 중요하면서 필요한 것이다. 비교적 성공적인 정치 활동을 이어온 정치인들은 모두 '긍정의 화신'들이다. 정말로 어려운 상황에 처하여 주위의 모든 사람이 비관적이라고 판단하더라도 자신만은 긍정 마인드를 갖고 오히려 지지자들을 위로하고 다독이며 기를 살려줘야 한다. 정치인 자신이 먼저 부정적인 감정에 휩싸여 비관적인 태도를 보인다면 그야말로 회복 불능 상황으로까지 치달을 수 있다. 정치인에게는 주변 사람들에게까지 전해질 수 있는 긍정의 힘, 긍정 에너지가 늘 넘쳐야 할 것이다.

여섯째, 집념이다.

한 번 붙잡았으면 끝을 보아야 한다. '하다가 그만두면 아니 한 것만 못하다.'는 말도 있거니와 정치인에게 용두사미는 금물이다. 어떤 분야가 됐건 정해진 분야를 일관되게 그리고 집요하게 추구해야 한다. 작정하고 한번 물면 끝을 볼 때까지 놓지 않는다는 진돗개 정신, 처음 세운 뜻을 꾸준히 이어 나가는 초지일관은 정치인에게 매우 중요한 태도이자 자질이다.

지금까지 거론한 성실, 겸손, 노력, 신뢰, 긍정, 집념 등 여섯 가지 자질들은 어떤 분야에서도 중요한 자질이자 덕목이다. 그러나 정치인에게는 그러한 자질들이 한층 더 중요하다. 나는 지금까지 갈고 닦아 온 그러한 자질들을 바탕으로 지역 주민을 위한 헌신의 길을 걸어갈 것이다.

먹고사는 문제가

일상의 발목을 잡지 않도록,

건강한 먹거리가

우리 식탁에 올라올 수 있도록

3부

부록

대한민국 헌법

주택임대차보호법

상가건물임대차보호법

핵심단권화
헌법
[第2版]
民法學講義
제3판
행정법총론
三英社
제13판
2013
헌법학
성낙인
법문사
2009
大法典

대한민국헌법

[시행 1988. 2. 25.] [헌법 제10호, 1987. 10. 29., 전부개정]

전문

유구한 역사와 전통에 빛나는 우리 대한국민은 3·1운동으로 건립된 대한민국임시정부의 법통과 불의에 항거한 4·19민주이념을 계승하고, 조국의 민주개혁과 평화적 통일의 사명에 입각하여 정의·인도와 동포애로써 민족의 단결을 공고히 하고, 모든 사회적 폐습과 불의를 타파하며, 자율과 조화를 바탕으로 자유민주적 기본질서를 더욱 확고히 하여 정치·경제·사회·문화의 모든 영역에 있어서 각인의 기회를 균등히 하고, 능력을 최고도로 발휘하게 하며, 자유와 권리에 따르는 책임과 의무를 완수하게 하여, 안으로는 국민생활의 균등한 향상을 기하고 밖으로는 항구적인 세계평화와 인류공영에 이바지함으로써 우리들과 우리들의 자손의 안전과 자유와 행복을 영원히 확보할 것을 다짐하면서 1948년 7월 12일에 제정되고 8차에 걸쳐 개정된 헌법을 이제 국회의 의결을 거쳐 국민투표에 의하여 개정한다.

1987년 10월 29일

제1장 총강

제1조 ① 대한민국은 민주공화국이다.

② 대한민국의 주권은 국민에게 있고, 모든 권력은 국민으로부터 나온다.

제2조 ① 대한민국의 국민이 되는 요건은 법률로 정한다.

② 국가는 법률이 정하는 바에 의하여 재외국민을 보호할 의무를 진다.

제3조 대한민국의 영토는 한반도와 그 부속도서로 한다.

제4조 대한민국은 통일을 지향하며, 자유민주적 기본질서에 입각한 평화적 통일정책을 수립하고 이를 추진한다.

제5조 ① 대한민국은 국제평화의 유지에 노력하고 침략적 전쟁을 부

인한다.

② 국군은 국가의 안전보장과 국토방위의 신성한 의무를 수행함을 사명으로 하며, 그 정치적 중립성은 준수된다.

제6조 ① 헌법에 의하여 체결·공포된 조약과 일반적으로 승인된 국제법규는 국내법과 같은 효력을 가진다.

② 외국인은 국제법과 조약이 정하는 바에 의하여 그 지위가 보장된다.

제7조 ① 공무원은 국민전체에 대한 봉사자이며, 국민에 대하여 책임을 진다.

② 공무원의 신분과 정치적 중립성은 법률이 정하는 바에 의하여 보장된다.

제8조 ① 정당의 설립은 자유이며, 복수정당제는 보장된다.

② 정당은 그 목적·조직과 활동이 민주적이어야 하며, 국민의 정치적 의사형성에 참여하는데 필요한 조직을 가져야 한다.

③ 정당은 법률이 정하는 바에 의하여 국가의 보호를 받으며, 국가는 법률이 정하는 바에 의하여 정당운영에 필요한 자금을 보조할 수 있다.

④ 정당의 목적이나 활동이 민주적 기본질서에 위배될 때에는 정부는 헌법재판소에 그 해산을 제소할 수 있고, 정당은 헌법재판소의 심판에 의하여 해산된다.

제9조 국가는 전통문화의 계승·발전과 민족문화의 창달에 노력하여야 한다.

제2장 국민의 권리와 의무

제10조 모든 국민은 인간으로서의 존엄과 가치를 가지며, 행복을 추구할 권리를 가진다. 국가는 개인이 가지는 불가침의 기본적 인권을 확인하고 이를 보장할 의무를 진다.

제11조 ① 모든 국민은 법 앞에 평등하다. 누구든지 성별·종교 또는 사회적 신분에 의하여 정치적·경제적·사회적·문화적 생

활의 모든 영역에 있어서 차별을 받지 아니한다.

② 사회적 특수계급의 제도는 인정되지 아니하며, 어떠한 형태로도 이를 창설할 수 없다.

③ 훈장등의 영전은 이를 받은 자에게만 효력이 있고, 어떠한 특권도 이에 따르지 아니한다.

제12조 ① 모든 국민은 신체의 자유를 가진다. 누구든지 법률에 의하지 아니하고는 체포·구속·압수·수색 또는 심문을 받지 아니하며, 법률과 적법한 절차에 의하지 아니하고는 처벌·보안처분 또는 강제노역을 받지 아니한다.

② 모든 국민은 고문을 받지 아니하며, 형사상 자기에게 불리한 진술을 강요당하지 아니한다.

③ 체포·구속·압수 또는 수색을 할 때에는 적법한 절차에 따라 검사의 신청에 의하여 법관이 발부한 영장을 제시하여야 한다. 다만, 현행범인인 경우와 장기 3년 이상의 형에 해당하는 죄를 범하고 도피 또는 증거인멸의 염려가 있을 때에는 사후에 영장을 청구할 수 있다.

④ 누구든지 체포 또는 구속을 당한 때에는 즉시 변호인의 조력을 받을 권리를 가진다. 다만, 형사피고인이 스스로 변호인을 구할 수 없을 때에는 법률이 정하는 바에 의하여 국가가 변호인을 붙인다.

⑤ 누구든지 체포 또는 구속의 이유와 변호인의 조력을 받을 권리가 있음을 고지받지 아니하고는 체포 또는 구속을 당하지 아니한다. 체포 또는 구속을 당한 자의 가족등 법률이 정하는 자에게는 그 이유와 일시·장소가 지체없이 통지되어야 한다.

⑥ 누구든지 체포 또는 구속을 당한 때에는 적부의 심사를 법원에 청구할 권리를 가진다.

⑦ 피고인의 자백이 고문·폭행·협박·구속의 부당한 장기화 또는 기망 기타의 방법에 의하여 자의로 진술된 것이 아니라고 인정될 때 또는 정식재판에 있어서 피고인의 자백이 그에게 불리한

유일한 증거일 때에는 이를 유죄의 증거로 삼거나 이를 이유로 처벌할 수 없다.

제13조 ① 모든 국민은 행위시의 법률에 의하여 범죄를 구성하지 아니하는 행위로 소추되지 아니하며, 동일한 범죄에 대하여 거듭 처벌받지 아니한다.

② 모든 국민은 소급입법에 의하여 참정권의 제한을 받거나 재산권을 박탈당하지 아니한다.

③ 모든 국민은 자기의 행위가 아닌 친족의 행위로 인하여 불이익한 처우를 받지 아니한다.

제14조 모든 국민은 거주·이전의 자유를 가진다.

제15조 모든 국민은 직업선택의 자유를 가진다.

제16조 모든 국민은 주거의 자유를 침해받지 아니한다. 주거에 대한 압수나 수색을 할 때에는 검사의 신청에 의하여 법관이 발부한 영장을 제시하여야 한다.

제17조 모든 국민은 사생활의 비밀과 자유를 침해받지 아니한다.

제18조 모든 국민은 통신의 비밀을 침해받지 아니한다.

제19조 모든 국민은 양심의 자유를 가진다.

제20조 ① 모든 국민은 종교의 자유를 가진다.

② 국교는 인정되지 아니하며, 종교와 정치는 분리된다.

제21조 ① 모든 국민은 언론·출판의 자유와 집회·결사의 자유를 가진다.

② 언론·출판에 대한 허가나 검열과 집회·결사에 대한 허가는 인정되지 아니한다.

③ 통신·방송의 시설기준과 신문의 기능을 보장하기 위하여 필요한 사항은 법률로 정한다.

④ 언론·출판은 타인의 명예나 권리 또는 공중도덕이나 사회윤리를 침해하여서는 아니된다. 언론·출판이 타인의 명예나 권리를 침해한 때에는 피해자는 이에 대한 피해의 배상을 청구할 수 있다.

제22조 ① 모든 국민은 학문과 예술의 자유를 가진다.

② 저작자·발명가·과학기술자와 예술가의 권리는 법률로써 보호한다.

제23조 ① 모든 국민의 재산권은 보장된다. 그 내용과 한계는 법률로 정한다.

② 재산권의 행사는 공공복리에 적합하도록 하여야 한다.

③ 공공필요에 의한 재산권의 수용·사용 또는 제한 및 그에 대한 보상은 법률로써 하되, 정당한 보상을 지급하여야 한다.

제24조 모든 국민은 법률이 정하는 바에 의하여 선거권을 가진다.

제25조 모든 국민은 법률이 정하는 바에 의하여 공무담임권을 가진다.

제26조 ① 모든 국민은 법률이 정하는 바에 의하여 국가기관에 문서로 청원할 권리를 가진다.

② 국가는 청원에 대하여 심사할 의무를 진다.

제27조 ① 모든 국민은 헌법과 법률이 정한 법관에 의하여 법률에 의한 재판을 받을 권리를 가진다.

② 군인 또는 군무원이 아닌 국민은 대한민국의 영역 안에서는 중대한 군사상 기밀·초병·초소·유독음식물공급·포로·군용물에 관한 죄중 법률이 정한 경우와 비상계엄이 선포된 경우를 제외하고는 군사법원의 재판을 받지 아니한다.

③ 모든 국민은 신속한 재판을 받을 권리를 가진다. 형사피고인은 상당한 이유가 없는 한 지체없이 공개재판을 받을 권리를 가진다.

④ 형사피고인은 유죄의 판결이 확정될 때까지는 무죄로 추정된다.

⑤ 형사피해자는 법률이 정하는 바에 의하여 당해 사건의 재판절차에서 진술할 수 있다.

제28조 형사피의자 또는 형사피고인으로서 구금되었던 자가 법률이 정하는 불기소처분을 받거나 무죄판결을 받은 때에는 법률이 정하는 바에 의하여 국가에 정당한 보상을 청구할 수 있다.

제29조 ① 공무원의 직무상 불법행위로 손해를 받은 국민은 법률이

정하는 바에 의하여 국가 또는 공공단체에 정당한 배상을 청구할 수 있다. 이 경우 공무원 자신의 책임은 면제되지 아니한다.

② 군인·군무원·경찰공무원 기타 법률이 정하는 자가 전투·훈련등 직무집행과 관련하여 받은 손해에 대하여는 법률이 정하는 보상 외에 국가 또는 공공단체에 공무원의 직무상 불법행위로 인한 배상은 청구할 수 없다.

제30조 타인의 범죄행위로 인하여 생명·신체에 대한 피해를 받은 국민은 법률이 정하는 바에 의하여 국가로부터 구조를 받을 수 있다.

제31조 ① 모든 국민은 능력에 따라 균등하게 교육을 받을 권리를 가진다.

② 모든 국민은 그 보호하는 자녀에게 적어도 초등교육과 법률이 정하는 교육을 받게 할 의무를 진다.

③ 의무교육은 무상으로 한다.

④ 교육의 자주성·전문성·정치적 중립성 및 대학의 자율성은 법률이 정하는 바에 의하여 보장된다.

⑤ 국가는 평생교육을 진흥하여야 한다.

⑥ 학교교육 및 평생교육을 포함한 교육제도와 그 운영, 교육재정 및 교원의 지위에 관한 기본적인 사항은 법률로 정한다.

제32조 ① 모든 국민은 근로의 권리를 가진다. 국가는 사회적·경제적 방법으로 근로자의 고용의 증진과 적정임금의 보장에 노력하여야 하며, 법률이 정하는 바에 의하여 최저임금제를 시행하여야 한다.

② 모든 국민은 근로의 의무를 진다. 국가는 근로의 의무의 내용과 조건을 민주주의원칙에 따라 법률로 정한다.

③ 근로조건의 기준은 인간의 존엄성을 보장하도록 법률로 정한다.

④ 여자의 근로는 특별한 보호를 받으며, 고용·임금 및 근로조건에 있어서 부당한 차별을 받지 아니한다.

⑤ 연소자의 근로는 특별한 보호를 받는다.

⑥ 국가유공자·상이군경 및 전몰군경의 유가족은 법률이 정하는 바에 의하여 우선적으로 근로의 기회를 부여받는다.

第33조 ① 근로자는 근로조건의 향상을 위하여 자주적인 단결권·단체교섭권 및 단체행동권을 가진다.

② 공무원인 근로자는 법률이 정하는 자에 한하여 단결권·단체교섭권 및 단체행동권을 가진다.

③ 법률이 정하는 주요방위산업체에 종사하는 근로자의 단체행동권은 법률이 정하는 바에 의하여 이를 제한하거나 인정하지 아니할 수 있다.

第34조 ① 모든 국민은 인간다운 생활을 할 권리를 가진다.

② 국가는 사회보장·사회복지의 증진에 노력할 의무를 진다.

③ 국가는 여자의 복지와 권익의 향상을 위하여 노력하여야 한다.

④ 국가는 노인과 청소년의 복지향상을 위한 정책을 실시할 의무를 진다.

⑤ 신체장애자 및 질병·노령 기타의 사유로 생활능력이 없는 국민은 법률이 정하는 바에 의하여 국가의 보호를 받는다.

⑥ 국가는 재해를 예방하고 그 위험으로부터 국민을 보호하기 위하여 노력하여야 한다.

第35조 ① 모든 국민은 건강하고 쾌적한 환경에서 생활할 권리를 가지며, 국가와 국민은 환경보전을 위하여 노력하여야 한다.

② 환경권의 내용과 행사에 관하여는 법률로 정한다.

③ 국가는 주택개발정책등을 통하여 모든 국민이 쾌적한 주거생활을 할 수 있도록 노력하여야 한다.

第36조 ① 혼인과 가족생활은 개인의 존엄과 양성의 평등을 기초로 성립되고 유지되어야 하며, 국가는 이를 보장한다.

② 국가는 모성의 보호를 위하여 노력하여야 한다.

③ 모든 국민은 보건에 관하여 국가의 보호를 받는다.

제37조 ① 국민의 자유와 권리는 헌법에 열거되지 아니한 이유로 경시되지 아니한다.

② 국민의 모든 자유와 권리는 국가안전보장·질서유지 또는 공공복리를 위하여 필요한 경우에 한하여 법률로써 제한할 수 있으며, 제한하는 경우에도 자유와 권리의 본질적인 내용을 침해할 수 없다.

제38조 모든 국민은 법률이 정하는 바에 의하여 납세의 의무를 진다.

제39조 ① 모든 국민은 법률이 정하는 바에 의하여 국방의 의무를 진다.

② 누구든지 병역의무의 이행으로 인하여 불이익한 처우를 받지 아니한다.

제3장 국회

제40조 입법권은 국회에 속한다.

제41조 ① 국회는 국민의 보통·평등·직접·비밀선거에 의하여 선출된 국회의원으로 구성한다.

② 국회의원의 수는 법률로 정하되, 200인 이상으로 한다.

③ 국회의원의 선거구와 비례대표제 기타 선거에 관한 사항은 법률로 정한다.

제42조 국회의원의 임기는 4년으로 한다.

제43조 국회의원은 법률이 정하는 직을 겸할 수 없다.

제44조 ① 국회의원은 현행범인인 경우를 제외하고는 회기 중 국회의 동의없이 체포 또는 구금되지 아니한다.

② 국회의원이 회기 전에 체포 또는 구금된 때에는 현행범인이 아닌 한 국회의 요구가 있으면 회기 중 석방된다.

제45조 국회의원은 국회에서 직무상 행한 발언과 표결에 관하여 국회 외에서 책임을 지지 아니한다.

제46조 ① 국회의원은 청렴의 의무가 있다.

② 국회의원은 국가이익을 우선하여 양심에 따라 직무를 행한다.

③ 국회의원은 그 지위를 남용하여 국가·공공단체 또는 기업체와

의 계약이나 그 처분에 의하여 재산상의 권리·이익 또는 직위를 취득하거나 타인을 위하여 그 취득을 알선할 수 없다.

제47조 ① 국회의 정기회는 법률이 정하는 바에 의하여 매년 1회 집회되며, 국회의 임시회는 대통령 또는 국회재적의원 4분의 1 이상의 요구에 의하여 집회된다.

② 정기회의 회기는 100일을, 임시회의 회기는 30일을 초과할 수 없다.

③ 대통령이 임시회의 집회를 요구할 때에는 기간과 집회요구의 이유를 명시하여야 한다.

제48조 국회는 의장 1인과 부의장 2인을 선출한다.

제49조 국회는 헌법 또는 법률에 특별한 규정이 없는 한 재적의원 과반수의 출석과 출석의원 과반수의 찬성으로 의결한다. 가부동수인 때에는 부결된 것으로 본다.

제50조 ① 국회의 회의는 공개한다. 다만, 출석의원 과반수의 찬성이 있거나 의장이 국가의 안전보장을 위하여 필요하다고 인정할 때에는 공개하지 아니할 수 있다.

② 공개하지 아니한 회의내용의 공표에 관하여는 법률이 정하는 바에 의한다.

제51조 국회에 제출된 법률안 기타의 의안은 회기 중에 의결되지 못한 이유로 폐기되지 아니한다. 다만, 국회의원의 임기가 만료된 때에는 그러하지 아니하다.

제52조 국회의원과 정부는 법률안을 제출할 수 있다.

제53조 ① 국회에서 의결된 법률안은 정부에 이송되어 15일 이내에 대통령이 공포한다.

② 법률안에 이의가 있을 때에는 대통령은 제1항의 기간내에 이의서를 붙여 국회로 환부하고, 그 재의를 요구할 수 있다. 국회의 폐회 중에도 또한 같다.

③ 대통령은 법률안의 일부에 대하여 또는 법률안을 수정하여 재의를 요구할 수 없다.

④ 재의의 요구가 있을 때에는 국회는 재의에 붙이고, 재적의원 과반수의 출석과 출석의원 3분의 2 이상의 찬성으로 전과 같은 의결을 하면 그 법률안은 법률로서 확정된다.

⑤ 대통령이 제1항의 기간 내에 공포나 재의의 요구를 하지 아니한 때에도 그 법률안은 법률로서 확정된다.

⑥ 대통령은 제4항과 제5항의 규정에 의하여 확정된 법률을 지체없이 공포하여야 한다. 제5항에 의하여 법률이 확정된 후 또는 제4항에 의한 확정법률이 정부에 이송된 후 5일 이내에 대통령이 공포하지 아니할 때에는 국회의장이 이를 공포한다.

⑦ 법률은 특별한 규정이 없는 한 공포한 날로부터 20일을 경과함으로써 효력을 발생한다.

第54조 ① 국회는 국가의 예산안을 심의·확정한다.

② 정부는 회계연도마다 예산안을 편성하여 회계연도 개시 90일 전까지 국회에 제출하고, 국회는 회계연도 개시 30일 전까지 이를 의결하여야 한다.

③ 새로운 회계연도가 개시될 때까지 예산안이 의결되지 못한 때에는 정부는 국회에서 예산안이 의결될 때까지 다음의 목적을 위한 경비는 전년도 예산에 준하여 집행할 수 있다.

1. 헌법이나 법률에 의하여 설치된 기관 또는 시설의 유지·운영
2. 법률상 지출의무의 이행
3. 이미 예산으로 승인된 사업의 계속

第55조 ① 한 회계연도를 넘어 계속하여 지출할 필요가 있을 때에는 정부는 연한을 정하여 계속비로서 국회의 의결을 얻어야 한다.

② 예비비는 총액으로 국회의 의결을 얻어야 한다. 예비비의 지출은 차기국회의 승인을 얻어야 한다.

第56조 정부는 예산에 변경을 가할 필요가 있을 때에는 추가경정예산안을 편성하여 국회에 제출할 수 있다.

第57조 국회는 정부의 동의 없이 정부가 제출한 지출예산 각항의 금

액을 증가하거나 새 비목을 설치할 수 없다.

제58조 국채를 모집하거나 예산 외에 국가의 부담이 될 계약을 체결하려 할 때에는 정부는 미리 국회의 의결을 얻어야 한다.

제59조 조세의 종목과 세율은 법률로 정한다.

제60조 ① 국회는 상호원조 또는 안전보장에 관한 조약, 중요한 국제조직에 관한 조약, 우호통상항해조약, 주권의 제약에 관한 조약, 강화조약, 국가나 국민에게 중대한 재정적 부담을 지우는 조약 또는 입법사항에 관한 조약의 체결·비준에 대한 동의권을 가진다.

② 국회는 선전포고, 국군의 외국에의 파견 또는 외국군대의 대한민국 영역 안에서의 주류에 대한 동의권을 가진다.

제61조 ① 국회는 국정을 감사하거나 특정한 국정사안에 대하여 조사할 수 있으며, 이에 필요한 서류의 제출 또는 증인의 출석과 증언이나 의견의 진술을 요구할 수 있다.

② 국정감사 및 조사에 관한 절차 기타 필요한 사항은 법률로 정한다.

제62조 ① 국무총리·국무위원 또는 정부위원은 국회나 그 위원회에 출석하여 국정처리상황을 보고하거나 의견을 진술하고 질문에 응답할 수 있다.

② 국회나 그 위원회의 요구가 있을 때에는 국무총리·국무위원 또는 정부위원은 출석·답변하여야 하며, 국무총리 또는 국무위원이 출석요구를 받은 때에는 국무위원 또는 정부위원으로 하여금 출석·답변하게 할 수 있다.

제63조 ① 국회는 국무총리 또는 국무위원의 해임을 대통령에게 건의할 수 있다.

② 제1항의 해임건의는 국회재적의원 3분의 1 이상의 발의에 의하여 국회재적의원 과반수의 찬성이 있어야 한다.

제64조 ① 국회는 법률에 저촉되지 아니하는 범위 안에서 의사와 내부규율에 관한 규칙을 제정할 수 있다.

② 국회는 의원의 자격을 심사하며, 의원을 징계할 수 있다.

③ 의원을 제명하려면 국회재적의원 3분의 2 이상의 찬성이 있어야 한다.

④ 제2항과 제3항의 처분에 대하여는 법원에 제소할 수 없다.

제65조 ① 대통령·국무총리·국무위원·행정각부의 장·헌법재판소 재판관·법관·중앙선거관리위원회 위원·감사원장·감사위원 기타 법률이 정한 공무원이 그 직무집행에 있어서 헌법이나 법률을 위배한 때에는 국회는 탄핵의 소추를 의결할 수 있다.

② 제1항의 탄핵소추는 국회재적의원 3분의 1 이상의 발의가 있어야 하며, 그 의결은 국회재적의원 과반수의 찬성이 있어야 한다. 다만, 대통령에 대한 탄핵소추는 국회재적의원 과반수의 발의와 국회재적의원 3분의 2 이상의 찬성이 있어야 한다.

③ 탄핵소추의 의결을 받은 자는 탄핵심판이 있을 때까지 그 권한행사가 정지된다.

④ 탄핵결정은 공직으로부터 파면함에 그친다. 그러나, 이에 의하여 민사상이나 형사상의 책임이 면제되지는 아니한다.

제4장 정부

제1절 대통령

제66조 ① 대통령은 국가의 원수이며, 외국에 대하여 국가를 대표한다.

② 대통령은 국가의 독립·영토의 보전·국가의 계속성과 헌법을 수호할 책무를 진다.

③ 대통령은 조국의 평화적 통일을 위한 성실한 의무를 진다.

④ 행정권은 대통령을 수반으로 하는 정부에 속한다.

제67조 ① 대통령은 국민의 보통·평등·직접·비밀선거에 의하여 선출한다.

② 제1항의 선거에 있어서 최고득표자가 2인 이상인 때에는 국회의 재적의원 과반수가 출석한 공개회의에서 다수표를 얻은 자를 당선자로 한다.

③ 대통령후보자가 1인일 때에는 그 득표수가 선거권자 총수의 3

분의 1 이상이 아니면 대통령으로 당선될 수 없다.

④ 대통령으로 선거될 수 있는 자는 국회의원의 피선거권이 있고 선거일 현재 40세에 달하여야 한다.

⑤ 대통령의 선거에 관한 사항은 법률로 정한다.

제68조 ① 대통령의 임기가 만료되는 때에는 임기만료 70일 내지 40일 전에 후임자를 선거한다.

② 대통령이 궐위된 때 또는 대통령 당선자가 사망하거나 판결 기타의 사유로 그 자격을 상실한 때에는 60일 이내에 후임자를 선거한다.

제69조 대통령은 취임에 즈음하여 다음의 선서를 한다.

"나는 헌법을 준수하고 국가를 보위하며 조국의 평화적 통일과 국민의 자유와 복리의 증진 및 민족문화의 창달에 노력하여 대통령으로서의 직책을 성실히 수행할 것을 국민 앞에 엄숙히 선서합니다."

제70조 대통령의 임기는 5년으로 하며, 중임할 수 없다.

제71조 대통령이 궐위되거나 사고로 인하여 직무를 수행할 수 없을 때에는 국무총리, 법률이 정한 국무위원의 순서로 그 권한을 대행한다.

제72조 대통령은 필요하다고 인정할 때에는 외교·국방·통일 기타 국가안위에 관한 중요정책을 국민투표에 붙일 수 있다.

제73조 대통령은 조약을 체결·비준하고, 외교사절을 신임·접수 또는 파견하며, 선전포고와 강화를 한다.

제74조 ① 대통령은 헌법과 법률이 정하는 바에 의하여 국군을 통수한다.

② 국군의 조직과 편성은 법률로 정한다.

제75조 대통령은 법률에서 구체적으로 범위를 정하여 위임받은 사항과 법률을 집행하기 위하여 필요한 사항에 관하여 대통령령을 발할 수 있다.

제76조 ① 대통령은 내우·외환·천재·지변 또는 중대한 재정·경제상

의 위기에 있어서 국가의 안전보장 또는 공공의 안녕질서를 유지하기 위하여 긴급한 조치가 필요하고 국회의 집회를 기다릴 여유가 없을 때에 한하여 최소한으로 필요한 재정·경제상의 처분을 하거나 이에 관하여 법률의 효력을 가지는 명령을 발할 수 있다.

② 대통령은 국가의 안위에 관계되는 중대한 교전상태에 있어서 국가를 보위하기 위하여 긴급한 조치가 필요하고 국회의 집회가 불가능한 때에 한하여 법률의 효력을 가지는 명령을 발할 수 있다.

③ 대통령은 제1항과 제2항의 처분 또는 명령을 한 때에는 지체없이 국회에 보고하여 그 승인을 얻어야 한다.

④ 제3항의 승인을 얻지 못한 때에는 그 처분 또는 명령은 그때부터 효력을 상실한다. 이 경우 그 명령에 의하여 개정 또는 폐지되었던 법률은 그 명령이 승인을 얻지 못한 때부터 당연히 효력을 회복한다.

⑤ 대통령은 제3항과 제4항의 사유를 지체없이 공포하여야 한다.

제77조 ① 대통령은 전시·사변 또는 이에 준하는 국가비상사태에 있어서 병력으로써 군사상의 필요에 응하거나 공공의 안녕질서를 유지할 필요가 있을 때에는 법률이 정하는 바에 의하여 계엄을 선포할 수 있다.

② 계엄은 비상계엄과 경비계엄으로 한다.

③ 비상계엄이 선포된 때에는 법률이 정하는 바에 의하여 영장제도, 언론·출판·집회·결사의 자유, 정부나 법원의 권한에 관하여 특별한 조치를 할 수 있다.

④ 계엄을 선포한 때에는 대통령은 지체없이 국회에 통고하여야 한다.

⑤ 국회가 재적의원 과반수의 찬성으로 계엄의 해제를 요구한 때에는 대통령은 이를 해제하여야 한다.

제78조 대통령은 헌법과 법률이 정하는 바에 의하여 공무원을 임면한다.

제79조 ① 대통령은 법률이 정하는 바에 의하여 사면·감형 또는 복권을 명할 수 있다.

② 일반사면을 명하려면 국회의 동의를 얻어야 한다.

③ 사면·감형 및 복권에 관한 사항은 법률로 정한다.

제80조 대통령은 법률이 정하는 바에 의하여 훈장 기타의 영전을 수여한다.

제81조 대통령은 국회에 출석하여 발언하거나 서한으로 의견을 표시할 수 있다.

제82조 대통령의 국법상 행위는 문서로써 하며, 이 문서에는 국무총리와 관계 국무위원이 부서한다. 군사에 관한 것도 또한 같다.

제83조 대통령은 국무총리·국무위원·행정각부의 장 기타 법률이 정하는 공사의 직을 겸할 수 없다.

제84조 대통령은 내란 또는 외환의 죄를 범한 경우를 제외하고는 재직 중 형사상의 소추를 받지 아니한다.

제85조 전직대통령의 신분과 예우에 관하여는 법률로 정한다.

제2절 행정부

제1관 국무총리와 국무위원

제86조 ① 국무총리는 국회의 동의를 얻어 대통령이 임명한다.

② 국무총리는 대통령을 보좌하며, 행정에 관하여 대통령의 명을 받아 행정각부를 통할한다.

③ 군인은 현역을 면한 후가 아니면 국무총리로 임명될 수 없다.

제87조 ① 국무위원은 국무총리의 제청으로 대통령이 임명한다.

② 국무위원은 국정에 관하여 대통령을 보좌하며, 국무회의의 구성원으로서 국정을 심의한다.

③ 국무총리는 국무위원의 해임을 대통령에게 건의할 수 있다.

④ 군인은 현역을 면한 후가 아니면 국무위원으로 임명될 수 없다.

제2관 국무회의

제88조 ① 국무회의는 정부의 권한에 속하는 중요한 정책을 심의한다.

② 국무회의는 대통령·국무총리와 15인 이상 30인 이하의 국무위원으로 구성한다.

③ 대통령은 국무회의의 의장이 되고, 국무총리는 부의장이 된다.

제89조 다음 사항은 국무회의의 심의를 거쳐야 한다.

1. 국정의 기본계획과 정부의 일반정책
2. 선전·강화 기타 중요한 대외정책
3. 헌법개정안·국민투표안·조약안·법률안 및 대통령령안
4. 예산안·결산·국유재산처분의 기본계획·국가의 부담이 될 계약 기타 재정에 관한 중요사항
5. 대통령의 긴급명령·긴급재정경제처분 및 명령 또는 계엄과 그 해제
6. 군사에 관한 중요사항
7. 국회의 임시회 집회의 요구
8. 영전수여
9. 사면·감형과 복권
10. 행정각부간의 권한의 획정
11. 정부 안의 권한의 위임 또는 배정에 관한 기본계획
12. 국정처리상황의 평가·분석
13. 행정각부의 중요한 정책의 수립과 조정
14. 정당해산의 제소
15. 정부에 제출 또는 회부된 정부의 정책에 관계되는 청원의 심사
16. 검찰총장·합동참모의장·각군참모총장·국립대학교총장·대사 기타 법률이 정한 공무원과 국영기업체관리자의 임명
17. 기타 대통령·국무총리 또는 국무위원이 제출한 사항

제90조 ① 국정의 중요한 사항에 관한 대통령의 자문에 응하기 위하여 국가원로로 구성되는 국가원로자문회의를 둘 수 있다.

② 국가원로자문회의의 의장은 직전대통령이 된다. 다만, 직전대통령이 없을 때에는 대통령이 지명한다.

③ 국가원로자문회의의 조직·직무범위 기타 필요한 사항은 법률로 정한다.

제91조 ① 국가안전보장에 관련되는 대외정책·군사정책과 국내정책의 수립에 관하여 국무회의의 심의에 앞서 대통령의 자문에 응하기 위하여 국가안전보장회의를 둔다.

② 국가안전보장회의는 대통령이 주재한다.

③ 국가안전보장회의의 조직·직무범위 기타 필요한 사항은 법률로 정한다.

제92조 ① 평화통일정책의 수립에 관한 대통령의 자문에 응하기 위하여 민주평화통일자문회의를 둘 수 있다.

② 민주평화통일자문회의의 조직·직무범위 기타 필요한 사항은 법률로 정한다.

제93조 ① 국민경제의 발전을 위한 중요정책의 수립에 관하여 대통령의 자문에 응하기 위하여 국민경제자문회의를 둘 수 있다.

② 국민경제자문회의의 조직·직무범위 기타 필요한 사항은 법률로 정한다.

제3관 행정각부

제94조 행정각부의 장은 국무위원 중에서 국무총리의 제청으로 대통령이 임명한다.

제95조 국무총리 또는 행정각부의 장은 소관사무에 관하여 법률이나 대통령령의 위임 또는 직권으로 총리령 또는 부령을 발할 수 있다.

제96조 행정각부의 설치·조직과 직무범위는 법률로 정한다.

제4관 감사원

제97조 국가의 세입·세출의 결산, 국가 및 법률이 정한 단체의 회계

검사와 행정기관 및 공무원의 직무에 관한 감찰을 하기 위하여 대통령 소속하에 감사원을 둔다.

제98조 ① 감사원은 원장을 포함한 5인 이상 11인 이하의 감사위원으로 구성한다.

② 원장은 국회의 동의를 얻어 대통령이 임명하고, 그 임기는 4년으로 하며, 1차에 한하여 중임할 수 있다.

③ 감사위원은 원장의 제청으로 대통령이 임명하고, 그 임기는 4년으로 하며, 1차에 한하여 중임할 수 있다.

제99조 감사원은 세입·세출의 결산을 매년 검사하여 대통령과 차년도국회에 그 결과를 보고하여야 한다.

제100조 감사원의 조직·직무범위·감사위원의 자격·감사대상공무원의 범위 기타 필요한 사항은 법률로 정한다.

제5장 법원

제101조 ① 사법권은 법관으로 구성된 법원에 속한다.

② 법원은 최고법원인 대법원과 각급법원으로 조직된다.

③ 법관의 자격은 법률로 정한다.

제102조 ① 대법원에 부를 둘 수 있다.

② 대법원에 대법관을 둔다. 다만, 법률이 정하는 바에 의하여 대법관이 아닌 법관을 둘 수 있다.

③ 대법원과 각급법원의 조직은 법률로 정한다.

제103조 법관은 헌법과 법률에 의하여 그 양심에 따라 독립하여 심판한다.

제104조 ① 대법원장은 국회의 동의를 얻어 대통령이 임명한다.

② 대법관은 대법원장의 제청으로 국회의 동의를 얻어 대통령이 임명한다.

③ 대법원장과 대법관이 아닌 법관은 대법관회의의 동의를 얻어 대법원장이 임명한다.

제105조 ① 대법원장의 임기는 6년으로 하며, 중임할 수 없다.

② 대법관의 임기는 6년으로 하며, 법률이 정하는 바에 의하여 연임할 수 있다.

③ 대법원장과 대법관이 아닌 법관의 임기는 10년으로 하며, 법률이 정하는 바에 의하여 연임할 수 있다.

④ 법관의 정년은 법률로 정한다.

제106조 ① 법관은 탄핵 또는 금고 이상의 형의 선고에 의하지 아니하고는 파면되지 아니하며, 징계처분에 의하지 아니하고는 정직·감봉 기타 불리한 처분을 받지 아니한다.

② 법관이 중대한 심신상의 장해로 직무를 수행할 수 없을 때에는 법률이 정하는 바에 의하여 퇴직하게 할 수 있다.

제107조 ① 법률이 헌법에 위반되는 여부가 재판의 전제가 된 경우에는 법원은 헌법재판소에 제청하여 그 심판에 의하여 재판한다.

② 명령·규칙 또는 처분이 헌법이나 법률에 위반되는 여부가 재판의 전제가 된 경우에는 대법원은 이를 최종적으로 심사할 권한을 가진다.

③ 재판의 전심절차로서 행정심판을 할 수 있다. 행정심판의 절차는 법률로 정하되, 사법절차가 준용되어야 한다.

제108조 대법원은 법률에 저촉되지 아니하는 범위 안에서 소송에 관한 절차, 법원의 내부규율과 사무처리에 관한 규칙을 제정할 수 있다.

제109조 재판의 심리와 판결은 공개한다. 다만, 심리는 국가의 안전보장 또는 안녕질서를 방해하거나 선량한 풍속을 해할 염려가 있을 때에는 법원의 결정으로 공개하지 아니할 수 있다.

제110조 ① 군사재판을 관할하기 위하여 특별법원으로서 군사법원을 둘 수 있다.

② 군사법원의 상고심은 대법원에서 관할한다.

③ 군사법원의 조직·권한 및 재판관의 자격은 법률로 정한다.

④ 비상계엄하의 군사재판은 군인·군무원의 범죄나 군사에 관한 간첩죄의 경우와 초병·초소·유독음식물공급·포로에 관한 죄

중 법률이 정한 경우에 한하여 단심으로 할 수 있다. 다만, 사형을 선고한 경우에는 그러하지 아니하다.

제6장 헌법재판소

제111조 ① 헌법재판소는 다음 사항을 관장한다.

1. 법원의 제청에 의한 법률의 위헌여부 심판
2. 탄핵의 심판
3. 정당의 해산 심판
4. 국가기관 상호간, 국가기관과 지방자치단체간 및 지방자치단체 상호간의 권한쟁의에 관한 심판
5. 법률이 정하는 헌법소원에 관한 심판

② 헌법재판소는 법관의 자격을 가진 9인의 재판관으로 구성하며, 재판관은 대통령이 임명한다.

③ 제2항의 재판관중 3인은 국회에서 선출하는 자를, 3인은 대법원장이 지명하는 자를 임명한다.

④ 헌법재판소의 장은 국회의 동의를 얻어 재판관 중에서 대통령이 임명한다.

제112조 ① 헌법재판소 재판관의 임기는 6년으로 하며, 법률이 정하는 바에 의하여 연임할 수 있다.

② 헌법재판소 재판관은 정당에 가입하거나 정치에 관여할 수 없다.

③ 헌법재판소 재판관은 탄핵 또는 금고 이상의 형의 선고에 의하지 아니하고는 파면되지 아니한다.

제113조 ① 헌법재판소에서 법률의 위헌결정, 탄핵의 결정, 정당해산의 결정 또는 헌법소원에 관한 인용결정을 할 때에는 재판관 6인 이상의 찬성이 있어야 한다.

② 헌법재판소는 법률에 저촉되지 아니하는 범위 안에서 심판에 관한 절차, 내부규율과 사무처리에 관한 규칙을 제정할 수 있다.

③ 헌법재판소의 조직과 운영 기타 필요한 사항은 법률로 정한다.

제7장 선거관리

제114조 ① 선거와 국민투표의 공정한 관리 및 정당에 관한 사무를 처리하기 위하여 선거관리위원회를 둔다.

② 중앙선거관리위원회는 대통령이 임명하는 3인, 국회에서 선출하는 3인과 대법원장이 지명하는 3인의 위원으로 구성한다. 위원장은 위원 중에서 호선한다.

③ 위원의 임기는 6년으로 한다.

④ 위원은 정당에 가입하거나 정치에 관여할 수 없다.

⑤ 위원은 탄핵 또는 금고 이상의 형의 선고에 의하지 아니하고는 파면되지 아니한다.

⑥ 중앙선거관리위원회는 법령의 범위 안에서 선거관리·국민투표관리 또는 정당사무에 관한 규칙을 제정할 수 있으며, 법률에 저촉되지 아니하는 범위 안에서 내부규율에 관한 규칙을 제정할 수 있다.

⑦ 각급 선거관리위원회의 조직·직무범위 기타 필요한 사항은 법률로 정한다.

제115조 ① 각급 선거관리위원회는 선거인명부의 작성 등 선거사무와 국민투표사무에 관하여 관계 행정기관에 필요한 지시를 할 수 있다.

② 제1항의 지시를 받은 당해 행정기관은 이에 응하여야 한다.

제116조 ① 선거운동은 각급 선거관리위원회의 관리하에 법률이 정하는 범위 안에서 하되, 균등한 기회가 보장되어야 한다.

② 선거에 관한 경비는 법률이 정하는 경우를 제외하고는 정당 또는 후보자에게 부담시킬 수 없다.

제8장 지방자치

제117조 ① 지방자치단체는 주민의 복리에 관한 사무를 처리하고 재산을 관리하며, 법령의 범위 안에서 자치에 관한 규정을 제정할 수 있다.

② 지방자치단체의 종류는 법률로 정한다.

제118조 ① 지방자치단체에 의회를 둔다.

② 지방의회의 조직·권한·의원선거와 지방자치단체의 장의 선임방법 기타 지방자치단체의 조직과 운영에 관한 사항은 법률로 정한다.

제9장 경제

제119조 ① 대한민국의 경제질서는 개인과 기업의 경제상의 자유와 창의를 존중함을 기본으로 한다.

② 국가는 균형있는 국민경제의 성장 및 안정과 적정한 소득의 분배를 유지하고, 시장의 지배와 경제력의 남용을 방지하며, 경제주체간의 조화를 통한 경제의 민주화를 위하여 경제에 관한 규제와 조정을 할 수 있다.

제120조 ① 광물 기타 중요한 지하자원·수산자원·수력과 경제상 이용할 수 있는 자연력은 법률이 정하는 바에 의하여 일정한 기간 그 채취·개발 또는 이용을 특허할 수 있다.

② 국토와 자원은 국가의 보호를 받으며, 국가는 그 균형있는 개발과 이용을 위하여 필요한 계획을 수립한다.

제121조 ① 국가는 농지에 관하여 경자유전의 원칙이 달성될 수 있도록 노력하여야 하며, 농지의 소작제도는 금지된다.

② 농업생산성의 제고와 농지의 합리적인 이용을 위하거나 불가피한 사정으로 발생하는 농지의 임대차와 위탁경영은 법률이 정하는 바에 의하여 인정된다.

제122조 국가는 국민 모두의 생산 및 생활의 기반이 되는 국토의 효율적이고 균형있는 이용·개발과 보전을 위하여 법률이 정하는 바에 의하여 그에 관한 필요한 제한과 의무를 과할 수 있다.

제123조 ① 국가는 농업 및 어업을 보호·육성하기 위하여 농·어촌종합개발과 그 지원등 필요한 계획을 수립·시행하여야 한다.

② 국가는 지역간의 균형있는 발전을 위하여 지역경제를 육성할

의무를 진다.

③ 국가는 중소기업을 보호·육성하여야 한다.

④ 국가는 농수산물의 수급균형과 유통구조의 개선에 노력하여 가격안정을 도모함으로써 농·어민의 이익을 보호한다.

⑤ 국가는 농·어민과 중소기업의 자조조직을 육성하여야 하며, 그 자율적 활동과 발전을 보장한다.

제124조 국가는 건전한 소비행위를 계도하고 생산품의 품질향상을 촉구하기 위한 소비자보호운동을 법률이 정하는 바에 의하여 보장한다.

제125조 국가는 대외무역을 육성하며, 이를 규제·조정할 수 있다.

제126조 국방상 또는 국민경제상 긴절한 필요로 인하여 법률이 정하는 경우를 제외하고는, 사영기업을 국유 또는 공유로 이전하거나 그 경영을 통제 또는 관리할 수 없다.

제127조 ① 국가는 과학기술의 혁신과 정보 및 인력의 개발을 통하여 국민경제의 발전에 노력하여야 한다.

② 국가는 국가표준제도를 확립한다.

③ 대통령은 제1항의 목적을 달성하기 위하여 필요한 자문기구를 둘 수 있다.

제10장 헌법개정

제128조 ① 헌법개정은 국회재적의원 과반수 또는 대통령의 발의로 제안된다.

② 대통령의 임기연장 또는 중임변경을 위한 헌법개정은 그 헌법개정 제안 당시의 대통령에 대하여는 효력이 없다.

제129조 제안된 헌법개정안은 대통령이 20일 이상의 기간 이를 공고하여야 한다.

제130조 ① 국회는 헌법개정안이 공고된 날로부터 60일 이내에 의결하여야 하며, 국회의 의결은 재적의원 3분의 2 이상의 찬성을 얻어야 한다.

② 헌법개정안은 국회가 의결한 후 30일 이내에 국민투표에 붙여 국회의원선거권자 과반수의 투표와 투표자 과반수의 찬성을 얻어야 한다.

③ 헌법개정안이 제2항의 찬성을 얻은 때에는 헌법개정은 확정되며, 대통령은 즉시 이를 공포하여야 한다.

부칙〈제10호, 1987. 10. 29.〉

제1조 이 헌법은 1988년 2월 25일부터 시행한다. 다만, 이 헌법을 시행하기 위하여 필요한 법률의 제정·개정과 이 헌법에 의한 대통령 및 국회의원의 선거 기타 이 헌법시행에 관한 준비는 이 헌법시행 전에 할 수 있다.

제2조 ① 이 헌법에 의한 최초의 대통령선거는 이 헌법시행일 40일 전까지 실시한다.

② 이 헌법에 의한 최초의 대통령의 임기는 이 헌법시행일로부터 개시한다.

제3조 ① 이 헌법에 의한 최초의 국회의원선거는 이 헌법공포일로부터 6월 이내에 실시하며, 이 헌법에 의하여 선출된 최초의 국회의원의 임기는 국회의원선거후 이 헌법에 의한 국회의 최초의 집회일로부터 개시한다.

② 이 헌법공포 당시의 국회의원의 임기는 제1항에 의한 국회의 최초의 집회일 전일까지로 한다.

제4조 ① 이 헌법시행 당시의 공무원과 정부가 임명한 기업체의 임원은 이 헌법에 의하여 임명된 것으로 본다. 다만, 이 헌법에 의하여 선임방법이나 임명권자가 변경된 공무원과 대법원장 및 감사원장은 이 헌법에 의하여 후임자가 선임될 때까지 그 직무를 행하며, 이 경우 전임자인 공무원의 임기는 후임자가 선임되는 전일까지로 한다.

② 이 헌법시행 당시의 대법원장과 대법원판사가 아닌 법관은 제1항 단서의 규정에 불구하고 이 헌법에 의하여 임명된 것으로

본다.

③ 이 헌법 중 공무원의 임기 또는 중임제한에 관한 규정은 이 헌법에 의하여 그 공무원이 최초로 선출 또는 임명된 때로부터 적용한다.

제5조 이 헌법시행 당시의 법령과 조약은 이 헌법에 위배되지 아니하는 한 그 효력을 지속한다.

제6조 이 헌법시행 당시에 이 헌법에 의하여 새로 설치될 기관의 권한에 속하는 직무를 행하고 있는 기관은 이 헌법에 의하여 새로운 기관이 설치될 때까지 존속하며 그 직무를 행한다.

주택임대차보호법 (약칭: 주택임대차법)

[시행 2020. 12. 10.] [법률 제17363호, 2020. 6. 9., 일부개정]

법무부(법무심의관실) 02-2110-3164

국토교통부(주택정책과) 044-201-3321, 3334, 4177

제1조(목적) 이 법은 주거용 건물의 임대차(賃貸借)에 관하여 「민법」에 대한 특례를 규정함으로써 국민 주거생활의 안정을 보장함을 목적으로 한다.

[전문개정 2008. 3. 21.]

제2조(적용 범위) 이 법은 주거용 건물(이하 "주택"이라 한다)의 전부 또는 일부의 임대차에 관하여 적용한다. 그 임차주택(賃借住宅)의 일부가 주거 외의 목적으로 사용되는 경우에도 또한 같다.

[전문개정 2008. 3. 21.]

제3조(대항력 등) ① 임대차는 그 등기(登記)가 없는 경우에도 임차인(賃借人)이 주택의 인도(引渡)와 주민등록을 마친 때에는 그 다음 날부터 제삼자에 대하여 효력이 생긴다. 이 경우 전입신고를 한 때에 주민등록이 된 것으로 본다.

② 주택도시기금을 재원으로 하여 저소득층 무주택자에게 주거생활 안정을 목적으로 전세임대주택을 지원하는 법인이 주택을 임차한 후 지방자치단체의 장 또는 그 법인이 선정한 입주자가 그 주택을 인도받고 주민등록을 마쳤을 때에는 제1항을 준용한다. 이 경우 대항력이 인정되는 법인은 대통령령으로 정한다. <개정 2015. 1. 6.>

③ 「중소기업기본법」 제2조에 따른 중소기업에 해당하는 법인이 소속 직원의 주거용으로 주택을 임차한 후 그 법인이 선정한 직원이 해당 주택을 인도받고 주민등록을 마쳤을 때에는 제1항을 준용한다. 임대차가 끝나기 전에 그 직원이 변경된 경우에는 그 법인이 선정한 새로운 직원이 주택을 인도받고 주민등

록을 마친 다음 날부터 제삼자에 대하여 효력이 생긴다. <신설 2013. 8. 13.>

④ 임차주택의 양수인(讓受人)(그 밖에 임대할 권리를 승계한 자를 포함한다)은 임대인(賃貸人)의 지위를 승계한 것으로 본다. <개정 2013. 8. 13.>

⑤ 이 법에 따라 임대차의 목적이 된 주택이 매매나 경매의 목적물이 된 경우에는 「민법」 제575조제1항·제3항 및 같은 법 제578조를 준용한다. <개정 2013. 8. 13.>

⑥ 제5항의 경우에는 동시이행의 항변권(抗辯權)에 관한 「민법」 제536조를 준용한다. <개정 2013. 8. 13.>

[전문개정 2008. 3. 21.]

제3조의2(보증금의 회수) ① 임차인(제3조제2항 및 제3항의 법인을 포함한다. 이하 같다)이 임차주택에 대하여 보증금반환청구소송의 확정판결이나 그 밖에 이에 준하는 집행권원(執行權原)에 따라서 경매를 신청하는 경우에는 집행개시(執行開始)요건에 관한 「민사집행법」 제41조에도 불구하고 반대의무(反對義務)의 이행이나 이행의 제공을 집행개시의 요건으로 하지 아니한다. <개정 2013. 8. 13.>

② 제3조제1항·제2항 또는 제3항의 대항요건(對抗要件)과 임대차계약증서(제3조제2항 및 제3항의 경우에는 법인과 임대인 사이의 임대차계약증서를 말한다)상의 확정일자(確定日字)를 갖춘 임차인은 「민사집행법」에 따른 경매 또는 「국세징수법」에 따른 공매(公賣)를 할 때에 임차주택(대지를 포함한다)의 환가대금(換價代金)에서 후순위권리자(後順位權利者)나 그 밖의 채권자보다 우선하여 보증금을 변제(辨濟)받을 권리가 있다. <개정 2013. 8. 13.>

③ 임차인은 임차주택을 양수인에게 인도하지 아니하면 제2항에 따른 보증금을 받을 수 없다.

④ 제2항 또는 제7항에 따른 우선변제의 순위와 보증금에 대하

여 이의가 있는 이해관계인은 경매법원이나 체납처분청에 이의를 신청할 수 있다. <개정 2013. 8. 13.>

⑤ 제4항에 따라 경매법원에 이의를 신청하는 경우에는 「민사집행법」 제152조부터 제161조까지의 규정을 준용한다.

⑥ 제4항에 따라 이의신청을 받은 체납처분청은 이해관계인이 이의신청일부터 7일 이내에 임차인 또는 제7항에 따라 우선변제권을 승계한 금융기관 등을 상대로 소(訴)를 제기한 것을 증명하면 해당 소송이 끝날 때까지 이의가 신청된 범위에서 임차인 또는 제7항에 따라 우선변제권을 승계한 금융기관 등에 대한 보증금의 변제를 유보(留保)하고 남은 금액을 배분하여야 한다. 이 경우 유보된 보증금은 소송의 결과에 따라 배분한다. <개정 2013. 8. 13.>

⑦ 다음 각 호의 금융기관 등이 제2항, 제3조의3제5항, 제3조의4제1항에 따른 우선변제권을 취득한 임차인의 보증금반환채권을 계약으로 양수한 경우에는 양수한 금액의 범위에서 우선변제권을 승계한다. <신설 2013. 8. 13., 2015. 1. 6., 2016. 5. 29.>

1. 「은행법」에 따른 은행
2. 「중소기업은행법」에 따른 중소기업은행
3. 「한국산업은행법」에 따른 한국산업은행
4. 「농업협동조합법」에 따른 농협은행
5. 「수산업협동조합법」에 따른 수협은행
6. 「우체국예금·보험에 관한 법률」에 따른 체신관서
7. 「한국주택금융공사법」에 따른 한국주택금융공사
8. 「보험업법」 제4조제1항제2호라목의 보증보험을 보험종목으로 허가받은 보험회사
9. 「주택도시기금법」에 따른 주택도시보증공사
10. 그 밖에 제1호부터 제9호까지에 준하는 것으로서 대통령령으로 정하는 기관

⑧ 제7항에 따라 우선변제권을 승계한 금융기관 등(이하 "금융기관등"이라 한다)은 다음 각 호의 어느 하나에 해당하는 경우에는 우선변제권을 행사할 수 없다. <신설 2013. 8. 13.>

1. 임차인이 제3조제1항·제2항 또는 제3항의 대항요건을 상실한 경우
2. 제3조의3제5항에 따른 임차권등기가 말소된 경우
3. 「민법」 제621조에 따른 임대차등기가 말소된 경우

⑨ 금융기관등은 우선변제권을 행사하기 위하여 임차인을 대리하거나 대위하여 임대차를 해지할 수 없다. <신설 2013. 8. 13.>

[전문개정 2008. 3. 21.]

제3조의3(임차권등기명령) ① 임대차가 끝난 후 보증금이 반환되지 아니한 경우 임차인은 임차주택의 소재지를 관할하는 지방법원·지방법원지원 또는 시·군 법원에 임차권등기명령을 신청할 수 있다. <개정 2013. 8. 13.>

② 임차권등기명령의 신청서에는 다음 각 호의 사항을 적어야 하며, 신청의 이유와 임차권등기의 원인이 된 사실을 소명(疎明)하여야 한다. <개정 2013. 8. 13.>

1. 신청의 취지 및 이유
2. 임대차의 목적인 주택(임대차의 목적이 주택의 일부분인 경우에는 해당 부분의 도면을 첨부한다)
3. 임차권등기의 원인이 된 사실(임차인이 제3조제1항·제2항 또는 제3항에 따른 대항력을 취득하였거나 제3조의2제2항에 따른 우선변제권을 취득한 경우에는 그 사실)
4. 그 밖에 대법원규칙으로 정하는 사항

③ 다음 각 호의 사항 등에 관하여는 「민사집행법」 제280조제1항, 제281조, 제283조, 제285조, 제286조, 제288조제1항·제2항 본문, 제289조, 제290조제2항 중 제288조제1항에 대한 부분, 제291조 및 제293조를 준용한다. 이 경우 "가

압류"는 "임차권등기"로, "채권자"는 "임차인"으로, "채무자"는 "임대인"으로 본다.

1. 임차권등기명령의 신청에 대한 재판
2. 임차권등기명령의 결정에 대한 임대인의 이의신청 및 그에 대한 재판
3. 임차권등기명령의 취소신청 및 그에 대한 재판
4. 임차권등기명령의 집행

④ 임차권등기명령의 신청을 기각(棄却)하는 결정에 대하여 임차인은 항고(抗告)할 수 있다.

⑤ 임차인은 임차권등기명령의 집행에 따른 임차권등기를 마치면 제3조제1항·제2항 또는 제3항에 따른 대항력과 제3조의2제2항에 따른 우선변제권을 취득한다. 다만, 임차인이 임차권등기 이전에 이미 대항력이나 우선변제권을 취득한 경우에는 그 대항력이나 우선변제권은 그대로 유지되며, 임차권등기 이후에는 제3조제1항·제2항 또는 제3항의 대항요건을 상실하더라도 이미 취득한 대항력이나 우선변제권을 상실하지 아니한다. <개정 2013. 8. 13.>

⑥ 임차권등기명령의 집행에 따른 임차권등기가 끝난 주택(임대차의 목적이 주택의 일부분인 경우에는 해당 부분으로 한정한다)을 그 이후에 임차한 임차인은 제8조에 따른 우선변제를 받을 권리가 없다.

⑦ 임차권등기의 촉탁(囑託), 등기관의 임차권등기 기입(記入) 등 임차권등기명령을 시행하는 데에 필요한 사항은 대법원규칙으로 정한다. <개정 2011. 4. 12.>

⑧ 임차인은 제1항에 따른 임차권등기명령의 신청과 그에 따른 임차권등기와 관련하여 든 비용을 임대인에게 청구할 수 있다.

⑨ 금융기관등은 임차인을 대위하여 제1항의 임차권등기명령을 신청할 수 있다. 이 경우 제3항·제4항 및 제8항의 "임차인"은 "금융기관등"으로 본다. <신설 2013. 8. 13.>

[전문개정 2008. 3. 21.]

제3조의4(「민법」에 따른 주택임대차등기의 효력 등) ① 「민법」 제621조에 따른 주택임대차등기의 효력에 관하여는 제3조의3제5항 및 제6항을 준용한다.

② 임차인이 대항력이나 우선변제권을 갖추고 「민법」 제621조제1항에 따라 임대인의 협력을 얻어 임대차등기를 신청하는 경우에는 신청서에 「부동산등기법」 제74조제1호부터 제6호까지의 사항 외에 다음 각 호의 사항을 적어야 하며, 이를 증명할 수 있는 서면(임대차의 목적이 주택의 일부분인 경우에는 해당 부분의 도면을 포함한다)을 첨부하여야 한다. <개정 2011. 4. 12., 2020. 2. 4.>

1. 주민등록을 마친 날
2. 임차주택을 점유(占有)한 날
3. 임대차계약증서상의 확정일자를 받은 날

[전문개정 2008. 3. 21.]

제3조의5(경매에 의한 임차권의 소멸) 임차권은 임차주택에 대하여 「민사집행법」에 따른 경매가 행하여진 경우에는 그 임차주택의 경락(競落)에 따라 소멸한다. 다만, 보증금이 모두 변제되지 아니한, 대항력이 있는 임차권은 그러하지 아니하다.

[전문개정 2008. 3. 21.]

제3조의6(확정일자 부여 및 임대차 정보제공 등) ① 제3조의2제2항의 확정일자는 주택 소재지의 읍·면사무소, 동 주민센터 또는 시(특별시·광역시·특별자치시는 제외하고, 특별자치도는 포함한다)·군·구(자치구를 말한다)의 출장소, 지방법원 및 그 지원과 등기소 또는 「공증인법」에 따른 공증인(이하 이 조에서 "확정일자부여기관"이라 한다)이 부여한다.

② 확정일자부여기관은 해당 주택의 소재지, 확정일자 부여일, 차임 및 보증금 등을 기재한 확정일자부를 작성하여야 한다. 이 경우 전산처리정보조직을 이용할 수 있다.

③ 주택의 임대차에 이해관계가 있는 자는 확정일자부여기관에 해당 주택의 확정일자 부여일, 차임 및 보증금 등 정보의 제공을 요청할 수 있다. 이 경우 요청을 받은 확정일자부여기관은 정당한 사유 없이 이를 거부할 수 없다.

④ 임대차계약을 체결하려는 자는 임대인의 동의를 받아 확정일자부여기관에 제3항에 따른 정보제공을 요청할 수 있다.

⑤ 제1항·제3항 또는 제4항에 따라 확정일자를 부여받거나 정보를 제공받으려는 자는 수수료를 내야 한다.

⑥ 확정일자부에 기재하여야 할 사항, 주택의 임대차에 이해관계가 있는 자의 범위, 확정일자부여기관에 요청할 수 있는 정보의 범위 및 수수료, 그 밖에 확정일자부여사무와 정보제공 등에 필요한 사항은 대통령령 또는 대법원규칙으로 정한다.

[본조신설 2013. 8. 13.]

제4조(임대차기간 등) ① 기간을 정하지 아니하거나 2년 미만으로 정한 임대차는 그 기간을 2년으로 본다. 다만, 임차인은 2년 미만으로 정한 기간이 유효함을 주장할 수 있다.

② 임대차기간이 끝난 경우에도 임차인이 보증금을 반환받을 때까지는 임대차관계가 존속되는 것으로 본다.

[전문개정 2008. 3. 21.]

제5조삭제 <1989. 12. 30.>

제6조(계약의 갱신) ① 임대인이 임대차기간이 끝나기 6개월 전부터 2개월 전까지의 기간에 임차인에게 갱신거절(更新拒絶)의 통지를 하지 아니하거나 계약조건을 변경하지 아니하면 갱신하지 아니한다는 뜻의 통지를 하지 아니한 경우에는 그 기간이 끝난 때에 전 임대차와 동일한 조건으로 다시 임대차한 것으로 본다. 임차인이 임대차기간이 끝나기 2개월 전까지 통지하지 아니한 경우에도 또한 같다. <개정 2020. 6. 9.>

② 제1항의 경우 임대차의 존속기간은 2년으로 본다. <개정 2009. 5. 8.>

③ 2기(期)의 차임액(借賃額)에 달하도록 연체하거나 그 밖에 임차인으로서의 의무를 현저히 위반한 임차인에 대하여는 제1항을 적용하지 아니한다.

[전문개정 2008. 3. 21.]

제6조의2(묵시적 갱신의 경우 계약의 해지) ① 제6조제1항에 따라 계약이 갱신된 경우 같은 조 제2항에도 불구하고 임차인은 언제든지 임대인에게 계약해지(契約解止)를 통지할 수 있다. <개정 2009. 5. 8.>

② 제1항에 따른 해지는 임대인이 그 통지를 받은 날부터 3개월이 지나면 그 효력이 발생한다.

[전문개정 2008. 3. 21.]

제6조의3(계약갱신 요구 등) ① 제6조에도 불구하고 임대인은 임차인이 제6조제1항 전단의 기간 이내에 계약갱신을 요구할 경우 정당한 사유 없이 거절하지 못한다. 다만, 다음 각 호의 어느 하나에 해당하는 경우에는 그러하지 아니하다.

1. 임차인이 2기의 차임액에 해당하는 금액에 이르도록 차임을 연체한 사실이 있는 경우
2. 임차인이 거짓이나 그 밖의 부정한 방법으로 임차한 경우
3. 서로 합의하여 임대인이 임차인에게 상당한 보상을 제공한 경우
4. 임차인이 임대인의 동의 없이 목적 주택의 전부 또는 일부를 전대(轉貸)한 경우
5. 임차인이 임차한 주택의 전부 또는 일부를 고의나 중대한 과실로 파손한 경우
6. 임차한 주택의 전부 또는 일부가 멸실되어 임대차의 목적을 달성하지 못할 경우
7. 임대인이 다음 각 목의 어느 하나에 해당하는 사유로 목적 주택의 전부 또는 대부분을 철거하거나 재건축하기 위하여 목적 주택의 점유를 회복할 필요가 있는 경우

가. 임대차계약 체결 당시 공사시기 및 소요기간 등을 포함한 철

거 또는 재건축 계획을 임차인에게 구체적으로 고지하고 그 계획에 따르는 경우

나. 건물이 노후·훼손 또는 일부 멸실되는 등 안전사고의 우려가 있는 경우

다. 다른 법령에 따라 철거 또는 재건축이 이루어지는 경우

8. 임대인(임대인의 직계존속·직계비속을 포함한다)이 목적 주택에 실제 거주하려는 경우

9. 그 밖에 임차인이 임차인으로서의 의무를 현저히 위반하거나 임대차를 계속하기 어려운 중대한 사유가 있는 경우

② 임차인은 제1항에 따른 계약갱신요구권을 1회에 한하여 행사할 수 있다. 이 경우 갱신되는 임대차의 존속기간은 2년으로 본다.

③ 갱신되는 임대차는 전 임대차와 동일한 조건으로 다시 계약된 것으로 본다. 다만, 차임과 보증금은 제7조의 범위에서 증감할 수 있다.

④ 제1항에 따라 갱신되는 임대차의 해지에 관하여는 제6조의2를 준용한다.

⑤ 임대인이 제1항제8호의 사유로 갱신을 거절하였음에도 불구하고 갱신요구가 거절되지 아니하였더라면 갱신되었을 기간이 만료되기 전에 정당한 사유 없이 제3자에게 목적 주택을 임대한 경우 임대인은 갱신거절로 인하여 임차인이 입은 손해를 배상하여야 한다.

⑥ 제5항에 따른 손해배상액은 거절 당시 당사자 간에 손해배상액의 예정에 관한 합의가 이루어지지 않는 한 다음 각 호의 금액 중 큰 금액으로 한다.

1. 갱신거절 당시 월차임(차임 외에 보증금이 있는 경우에는 그 보증금을 제7조의2 각 호 중 낮은 비율에 따라 월 단위의 차임으로 전환한 금액을 포함한다. 이하 "환산월차임"이라 한다)의 3개월분에 해당하는 금액

2. 임대인이 제3자에게 임대하여 얻은 환산월차임과 갱신거절 당시 환산월차임 간 차액의 2년분에 해당하는 금액
3. 제1항제8호의 사유로 인한 갱신거절로 인하여 임차인이 입은 손해액

[본조신설 2020. 7. 31.]

제7조(차임 등의 증감청구권) ① 당사자는 약정한 차임이나 보증금이 임차주택에 관한 조세, 공과금, 그 밖의 부담의 증감이나 경제사정의 변동으로 인하여 적절하지 아니하게 된 때에는 장래에 대하여 그 증감을 청구할 수 있다. 이 경우 증액청구는 임대차계약 또는 약정한 차임이나 보증금의 증액이 있은 후 1년 이내에는 하지 못한다. <개정 2020. 7. 31.>

② 제1항에 따른 증액청구는 약정한 차임이나 보증금의 20분의 1의 금액을 초과하지 못한다. 다만, 특별시·광역시·특별자치시·도 및 특별자치도는 관할 구역 내의 지역별 임대차 시장 여건 등을 고려하여 본문의 범위에서 증액청구의 상한을 조례로 달리 정할 수 있다. <신설 2020. 7. 31.>

[전문개정 2008. 3. 21.]

제7조의2(월차임 전환 시 산정률의 제한) 보증금의 전부 또는 일부를 월 단위의 차임으로 전환하는 경우에는 그 전환되는 금액에 다음 각 호 중 낮은 비율을 곱한 월차임(月借賃)의 범위를 초과할 수 없다. <개정 2010. 5. 17., 2013. 8. 13., 2016. 5. 29.>

1. 「은행법」에 따른 은행에서 적용하는 대출금리와 해당 지역의 경제 여건 등을 고려하여 대통령령으로 정하는 비율
2. 한국은행에서 공시한 기준금리에 대통령령으로 정하는 이율을 더한 비율

[전문개정 2008. 3. 21.]

제8조(보증금 중 일정액의 보호) ① 임차인은 보증금 중 일정액을 다른 담보물권자(擔保物權者)보다 우선하여 변제받을 권리가 있다. 이 경우 임차인은 주택에 대한 경매신청의 등기 전에 제3조제1항

의 요건을 갖추어야 한다.

② 제1항의 경우에는 제3조의2제4항부터 제6항까지의 규정을 준용한다.

③ 제1항에 따라 우선변제를 받을 임차인 및 보증금 중 일정액의 범위와 기준은 제8조의2에 따른 주택임대차위원회의 심의를 거쳐 대통령령으로 정한다. 다만, 보증금 중 일정액의 범위와 기준은 주택가액(대지의 가액을 포함한다)의 2분의 1을 넘지 못한다. <개정 2009. 5. 8.>

[전문개정 2008. 3. 21.]

제8조의2(주택임대차위원회) ① 제8조에 따라 우선변제를 받을 임차인 및 보증금 중 일정액의 범위와 기준을 심의하기 위하여 법무부에 주택임대차위원회(이하 "위원회"라 한다)를 둔다.

② 위원회는 위원장 1명을 포함한 9명 이상 15명 이하의 위원으로 성별을 고려하여 구성한다. <개정 2020. 7. 31.>

③ 위원회의 위원장은 법무부차관이 된다.

④ 위원회의 위원은 다음 각 호의 어느 하나에 해당하는 사람 중에서 위원장이 임명하거나 위촉하되, 제1호부터 제5호까지에 해당하는 위원을 각각 1명 이상 임명하거나 위촉하여야 하고, 위원 중 2분의 1 이상은 제1호·제2호 또는 제6호에 해당하는 사람을 위촉하여야 한다. <개정 2013. 3. 23., 2020. 7. 31.>

1. 법학·경제학 또는 부동산학 등을 전공하고 주택임대차 관련 전문지식을 갖춘 사람으로서 공인된 연구기관에서 조교수 이상 또는 이에 상당하는 직에 5년 이상 재직한 사람
2. 변호사·감정평가사·공인회계사·세무사 또는 공인중개사로서 5년 이상 해당 분야에서 종사하고 주택임대차 관련 업무경험이 풍부한 사람
3. 기획재정부에서 물가 관련 업무를 담당하는 고위공무원단에 속하는 공무원
4. 법무부에서 주택임대차 관련 업무를 담당하는 고위공무원단

에 속하는 공무원(이에 상당하는 특정직 공무원을 포함한다)

5. 국토교통부에서 주택사업 또는 주거복지 관련 업무를 담당하는 고위공무원단에 속하는 공무원
6. 그 밖에 주택임대차 관련 학식과 경험이 풍부한 사람으로서 대통령령으로 정하는 사람

⑤ 그 밖에 위원회의 구성 및 운영 등에 필요한 사항은 대통령령으로 정한다.

[본조신설 2009. 5. 8.]

제9조(주택 임차권의 승계) ① 임차인이 상속인 없이 사망한 경우에는 그 주택에서 가정공동생활을 하던 사실상의 혼인 관계에 있는 자가 임차인의 권리와 의무를 승계한다.

② 임차인이 사망한 때에 사망 당시 상속인이 그 주택에서 가정공동생활을 하고 있지 아니한 경우에는 그 주택에서 가정공동생활을 하던 사실상의 혼인 관계에 있는 자와 2촌 이내의 친족이 공동으로 임차인의 권리와 의무를 승계한다.

③ 제1항과 제2항의 경우에 임차인이 사망한 후 1개월 이내에 임대인에게 제1항과 제2항에 따른 승계 대상자가 반대의사를 표시한 경우에는 그러하지 아니하다.

④ 제1항과 제2항의 경우에 임대차 관계에서 생긴 채권·채무는 임차인의 권리의무를 승계한 자에게 귀속된다.

[전문개정 2008. 3. 21.]

제10조(강행규정) 이 법에 위반된 약정(約定)으로서 임차인에게 불리한 것은 그 효력이 없다.

[전문개정 2008. 3. 21.]

제10조의2(초과 차임 등의 반환청구) 임차인이 제7조에 따른 증액비율을 초과하여 차임 또는 보증금을 지급하거나 제7조의2에 따른 월차임 산정률을 초과하여 차임을 지급한 경우에는 초과 지급된 차임 또는 보증금 상당금액의 반환을 청구할 수 있다.

[본조신설 2013. 8. 13.]

제11조(일시사용을 위한 임대차) 이 법은 일시사용하기 위한 임대차임이 명백한 경우에는 적용하지 아니한다.

[전문개정 2008. 3. 21.]

제12조(미등기 전세에의 준용) 주택의 등기를 하지 아니한 전세계약에 관하여는 이 법을 준용한다. 이 경우 "전세금"은 "임대차의 보증금"으로 본다.

[전문개정 2008. 3. 21.]

제13조(「소액사건심판법」의 준용) 임차인이 임대인에 대하여 제기하는 보증금반환청구소송에 관하여는 「소액사건심판법」 제6조, 제7조, 제10조 및 제11조의2를 준용한다.

[전문개정 2008. 3. 21.]

제14조(주택임대차분쟁조정위원회) ① 이 법의 적용을 받는 주택임대차와 관련된 분쟁을 심의·조정하기 위하여 대통령령으로 정하는 바에 따라 「법률구조법」 제8조에 따른 대한법률구조공단(이하 "공단"이라 한다)의 지부, 「한국토지주택공사법」에 따른 한국토지주택공사(이하 "공사"라 한다)의 지사 또는 사무소 및 「한국감정원법」에 따른 한국감정원(이하 "감정원"이라 한다)의 지사 또는 사무소에 주택임대차분쟁조정위원회(이하 "조정위원회"라 한다)를 둔다. 특별시·광역시·특별자치시·도 및 특별자치도(이하 "시·도"라 한다)는 그 지방자치단체의 실정을 고려하여 조정위원회를 둘 수 있다. <개정 2020. 7. 31.>

② 조정위원회는 다음 각 호의 사항을 심의·조정한다.

1. 차임 또는 보증금의 증감에 관한 분쟁
2. 임대차 기간에 관한 분쟁
3. 보증금 또는 임차주택의 반환에 관한 분쟁
4. 임차주택의 유지·수선 의무에 관한 분쟁
5. 그 밖에 대통령령으로 정하는 주택임대차에 관한 분쟁

③ 조정위원회의 사무를 처리하기 위하여 조정위원회에 사무국을 두고, 사무국의 조직 및 인력 등에 필요한 사항은 대통령령으

로 정한다.

④ 사무국의 조정위원회 업무담당자는 「상가건물 임대차보호법」 제20조에 따른 상가건물임대차분쟁조정위원회 사무국의 업무를 제외하고 다른 직위의 업무를 겸직하여서는 아니 된다. 〈개정 2018. 10. 16.〉

[본조신설 2016. 5. 29.]

제15조(예산의 지원) 국가는 조정위원회의 설치·운영에 필요한 예산을 지원할 수 있다.

[본조신설 2016. 5. 29.]

제16조(조정위원회의 구성 및 운영) ① 조정위원회는 위원장 1명을 포함하여 5명 이상 30명 이하의 위원으로 성별을 고려하여 구성한다. 〈개정 2020. 7. 31.〉

② 조정위원회의 위원은 조정위원회를 두는 기관에 따라 공단 이사장, 공사 사장, 감정원 원장 또는 조정위원회를 둔 지방자치단체의 장이 각각 임명하거나 위촉한다. 〈개정 2020. 7. 31.〉

③ 조정위원회의 위원은 주택임대차에 관한 학식과 경험이 풍부한 사람으로서 다음 각 호의 어느 하나에 해당하는 사람으로 한다. 이 경우 제1호부터 제4호까지에 해당하는 위원을 각 1명 이상 위촉하여야 하고, 위원 중 5분의 2 이상은 제2호에 해당하는 사람이어야 한다.

1. 법학·경제학 또는 부동산학 등을 전공하고 대학이나 공인된 연구기관에서 부교수 이상 또는 이에 상당하는 직에 재직한 사람
2. 판사·검사 또는 변호사로 6년 이상 재직한 사람
3. 감정평가사·공인회계사·법무사 또는 공인중개사로서 주택임대차 관계 업무에 6년 이상 종사한 사람
4. 「사회복지사업법」에 따른 사회복지법인과 그 밖의 비영리법인에서 주택임대차분쟁에 관한 상담에 6년 이상 종사한 경력이 있는 사람
5. 해당 지방자치단체에서 주택임대차 관련 업무를 담당하는 4급

이상의 공무원

6. 그 밖에 주택임대차 관련 학식과 경험이 풍부한 사람으로서 대통령령으로 정하는 사람

④ 조정위원회의 위원장은 제3항제2호에 해당하는 위원 중에서 위원들이 호선한다.

⑤ 조정위원회위원장은 조정위원회를 대표하여 그 직무를 총괄한다.

⑥ 조정위원회위원장이 부득이한 사유로 직무를 수행할 수 없는 경우에는 조정위원회위원장이 미리 지명한 조정위원이 그 직무를 대행한다.

⑦ 조정위원의 임기는 3년으로 하되 연임할 수 있으며, 보궐위원의 임기는 전임자의 남은 임기로 한다.

⑧ 조정위원회는 조정위원회위원장 또는 제3항제2호에 해당하는 조정위원 1명 이상을 포함한 재적위원 과반수의 출석과 출석위원 과반수의 찬성으로 의결한다.

⑨ 그 밖에 조정위원회의 설치, 구성 및 운영 등에 필요한 사항은 대통령령으로 정한다.

[본조신설 2016. 5. 29.]

제17조(조정부의 구성 및 운영) ① 조정위원회는 분쟁의 효율적 해결을 위하여 3명의 조정위원으로 구성된 조정부를 둘 수 있다.

② 조정부에는 제16조제3항제2호에 해당하는 사람이 1명 이상 포함되어야 하며, 그 중에서 조정위원회위원장이 조정부의 장을 지명한다.

③ 조정부는 다음 각 호의 사항을 심의·조정한다.

1. 제14조제2항에 따른 주택임대차분쟁 중 대통령령으로 정하는 금액 이하의 분쟁
2. 조정위원회가 사건을 특정하여 조정부에 심의·조정을 위임한 분쟁

④ 조정부는 조정부의 장을 포함한 재적위원 과반수의 출석과 출

석위원 과반수의 찬성으로 의결한다.

⑤ 제4항에 따라 조정부가 내린 결정은 조정위원회가 결정한 것으로 본다.

⑥ 그 밖에 조정부의 설치, 구성 및 운영 등에 필요한 사항은 대통령령으로 정한다.

[본조신설 2016. 5. 29.]

제18조(조정위원의 결격사유) 「국가공무원법」 제33조 각 호의 어느 하나에 해당하는 사람은 조정위원이 될 수 없다.

[본조신설 2016. 5. 29.]

제19조(조정위원의 신분보장) ① 조정위원은 자신의 직무를 독립적으로 수행하고 주택임대차분쟁의 심리 및 판단에 관하여 어떠한 지시에도 구속되지 아니한다.

② 조정위원은 다음 각 호의 어느 하나에 해당하는 경우를 제외하고는 그 의사에 반하여 해임 또는 해촉되지 아니한다.

1. 제18조에 해당하는 경우
2. 신체상 또는 정신상의 장애로 직무를 수행할 수 없게 된 경우

[본조신설 2016. 5. 29.]

제20조(조정위원의 제척 등) ① 조정위원이 다음 각 호의 어느 하나에 해당하는 경우 그 직무의 집행에서 제척된다.

1. 조정위원 또는 그 배우자나 배우자이었던 사람이 해당 분쟁사건의 당사자가 되는 경우
2. 조정위원이 해당 분쟁사건의 당사자와 친족관계에 있거나 있었던 경우
3. 조정위원이 해당 분쟁사건에 관하여 진술, 감정 또는 법률자문을 한 경우
4. 조정위원이 해당 분쟁사건에 관하여 당사자의 대리인으로서 관여하거나 관여하였던 경우

② 사건을 담당한 조정위원에게 제척의 원인이 있는 경우에는 조정위원회는 직권 또는 당사자의 신청에 따라 제척의 결정을 한

다.

③ 당사자는 사건을 담당한 조정위원에게 공정한 직무집행을 기대하기 어려운 사정이 있는 경우 조정위원회에 기피신청을 할 수 있다.

④ 기피신청에 관한 결정은 조정위원회가 하고, 해당 조정위원 및 당사자 쌍방은 그 결정에 불복하지 못한다.

⑤ 제3항에 따른 기피신청이 있는 때에는 조정위원회는 그 신청에 대한 결정이 있을 때까지 조정절차를 정지하여야 한다.

⑥ 조정위원은 제1항 또는 제3항에 해당하는 경우 조정위원회의 허가를 받지 아니하고 해당 분쟁사건의 직무집행에서 회피할 수 있다.

[본조신설 2016. 5. 29.]

제21조(조정의 신청 등) ① 제14조제2항 각 호의 어느 하나에 해당하는 주택임대차분쟁의 당사자는 해당 주택이 소재하는 지역을 관할하는 조정위원회에 분쟁의 조정을 신청할 수 있다. 〈개정 2020. 7. 31.〉

② 조정위원회는 신청인이 조정을 신청할 때 조정 절차 및 조정의 효력 등 분쟁조정에 관하여 대통령령으로 정하는 사항을 안내하여야 한다.

③ 조정위원회의 위원장은 다음 각 호의 어느 하나에 해당하는 경우 신청을 각하한다. 이 경우 그 사유를 신청인에게 통지하여야 한다. 〈개정 2020. 6. 9.〉

1. 이미 해당 분쟁조정사항에 대하여 법원에 소가 제기되거나 조정 신청이 있은 후 소가 제기된 경우
2. 이미 해당 분쟁조정사항에 대하여 「민사조정법」에 따른 조정이 신청된 경우나 조정신청이 있은 후 같은 법에 따른 조정이 신청된 경우
3. 이미 해당 분쟁조정사항에 대하여 이 법에 따른 조정위원회에 조정이 신청된 경우나 조정신청이 있은 후 조정이 성립된 경우

4. 조정신청 자체로 주택임대차에 관한 분쟁이 아님이 명백한 경우
5. 피신청인이 조정절차에 응하지 아니한다는 의사를 통지한 경우
6. 신청인이 정당한 사유 없이 조사에 응하지 아니하거나 2회 이상 출석요구에 응하지 아니한 경우

[본조신설 2016. 5. 29.]

제22조(조정절차) ① 조정위원회의 위원장은 신청인으로부터 조정신청을 접수한 때에는 지체 없이 조정절차를 개시하여야 한다. <개정 2020. 6. 9.>

② 조정위원회의 위원장은 제1항에 따라 조정신청을 접수하면 피신청인에게 조정신청서를 송달하여야 한다. 이 경우 제21조제2항을 준용한다. <개정 2020. 6. 9.>

③ 조정서류의 송달 등 조정절차에 관하여 필요한 사항은 대통령령으로 정한다.

[본조신설 2016. 5. 29.]

제23조(처리기간) ① 조정위원회는 분쟁의 조정신청을 받은 날부터 60일 이내에 그 분쟁조정을 마쳐야 한다. 다만, 부득이한 사정이 있는 경우에는 조정위원회의 의결을 거쳐 30일의 범위에서 그 기간을 연장할 수 있다.

② 조정위원회는 제1항 단서에 따라 기간을 연장한 경우에는 기간 연장의 사유와 그 밖에 기간 연장에 관한 사항을 당사자에게 통보하여야 한다.

[본조신설 2016. 5. 29.]

제24조(조사 등) ① 조정위원회는 조정을 위하여 필요하다고 인정하는 경우 신청인, 피신청인, 분쟁 관련 이해관계인 또는 참고인에게 출석하여 진술하게 하거나 조정에 필요한 자료나 물건 등을 제출하도록 요구할 수 있다.

② 조정위원회는 조정을 위하여 필요하다고 인정하는 경우 조정

위원 또는 사무국의 직원으로 하여금 조정 대상물 및 관련 자료에 대하여 조사하게 하거나 자료를 수집하게 할 수 있다. 이 경우 조정위원이나 사무국의 직원은 그 권한을 표시하는 증표를 지니고 이를 관계인에게 내보여야 한다.

③ 조정위원회위원장은 특별시장, 광역시장, 특별자치시장, 도지사 및 특별자치도지사(이하 "시·도지사"라 한다)에게 해당 조정업무에 참고하기 위하여 인근지역의 확정일자 자료, 보증금의 월차임 전환율 등 적정 수준의 임대료 산정을 위한 자료를 요청할 수 있다. 이 경우 시·도지사는 정당한 사유가 없으면 조정위원회위원장의 요청에 따라야 한다.

[본조신설 2016. 5. 29.]

제25조(조정을 하지 아니하는 결정) ① 조정위원회는 해당 분쟁이 그 성질상 조정을 하기에 적당하지 아니하다고 인정하거나 당사자가 부당한 목적으로 조정을 신청한 것으로 인정할 때에는 조정을 하지 아니할 수 있다.

② 조정위원회는 제1항에 따라 조정을 하지 아니하기로 결정하였을 때에는 그 사실을 당사자에게 통지하여야 한다.

[본조신설 2016. 5. 29.]

제26조(조정의 성립) ① 조정위원회가 조정안을 작성한 경우에는 그 조정안을 지체 없이 각 당사자에게 통지하여야 한다.

② 제1항에 따라 조정안을 통지받은 당사자가 통지받은 날부터 14일 이내에 수락의 의사를 서면으로 표시하지 아니한 경우에는 조정을 거부한 것으로 본다. <개정 2020. 6. 9.>

③ 제2항에 따라 각 당사자가 조정안을 수락한 경우에는 조정안과 동일한 내용의 합의가 성립된 것으로 본다.

④ 제3항에 따른 합의가 성립한 경우 조정위원회위원장은 조정안의 내용을 조정서로 작성한다. 조정위원회위원장은 각 당사자 간에 금전, 그 밖의 대체물의 지급 또는 부동산의 인도에 관하여 강제집행을 승낙하는 취지의 합의가 있는 경우에는 그 내

용을 조정서에 기재하여야 한다.

[본조신설 2016. 5. 29.]

제27조(집행력의 부여) 제26조제4항 후단에 따라 강제집행을 승낙하는 취지의 내용이 기재된 조정서의 정본은 「민사집행법」 제56조에도 불구하고 집행력 있는 집행권원과 같은 효력을 가진다. 다만, 청구에 관한 이의의 주장에 대하여는 같은 법 제44조제2항을 적용하지 아니한다.

[본조신설 2016. 5. 29.]

제28조(비밀유지의무) 조정위원, 사무국의 직원 또는 그 직에 있었던 자는 다른 법률에 특별한 규정이 있는 경우를 제외하고는 직무상 알게 된 정보를 타인에게 누설하거나 직무상 목적 외에 사용하여서는 아니 된다.

[본조신설 2016. 5. 29.]

제29조(다른 법률의 준용) 조정위원회의 운영 및 조정절차에 관하여 이 법에서 규정하지 아니한 사항에 대하여는 「민사조정법」을 준용한다.

[본조신설 2016. 5. 29.]

제30조(주택임대차표준계약서 사용) 주택임대차계약을 서면으로 체결할 때에는 법무부장관이 국토교통부장관과 협의하여 정하는 주택임대차표준계약서를 우선적으로 사용한다. 다만, 당사자가 다른 서식을 사용하기로 합의한 경우에는 그러하지 아니하다. <개정 2020. 7. 31.>

[본조신설 2016. 5. 29.]

제31조(벌칙 적용에서 공무원 의제) 공무원이 아닌 주택임대차위원회의 위원 및 주택임대차분쟁조정위원회의 위원은 「형법」 제127조, 제129조부터 제132조까지의 규정을 적용할 때에는 공무원으로 본다.

[본조신설 2016. 5. 29.]

부칙〈제17470호, 2020. 7. 31.〉

제1조(시행일) 이 법은 공포한 날부터 시행한다. 다만, 제8조의2제2항·제4항, 제14조제1항, 제16조제1항·제2항, 제21조제1항 및 제30조의 개정규정은 공포 후 3개월이 경과한 날부터 시행한다.

제2조(계약갱신 요구 등에 관한 적용례) ① 제6조의3 및 제7조의 개정규정은 이 법 시행 당시 존속 중인 임대차에 대하여도 적용한다.

② 제1항에도 불구하고 이 법 시행 전에 임대인이 갱신을 거절하고 제3자와 임대차계약을 체결한 경우에는 이를 적용하지 아니한다.

상가건물 임대차보호법 (약칭: 상가임대차법)

[시행 2022. 1. 4.] [법률 제18675호, 2022. 1. 4., 일부개정]

법무부(법무심의관실) 02-2110-3164

국토교통부(부동산산업과) 044-201-3412, 3418

제1조(목적) 이 법은 상가건물 임대차에 관하여 「민법」에 대한 특례를 규정하여 국민 경제생활의 안정을 보장함을 목적으로 한다.

[전문개정 2009. 1. 30.]

제2조(적용범위) ① 이 법은 상가건물(제3조제1항에 따른 사업자등록의 대상이 되는 건물을 말한다)의 임대차(임대차 목적물의 주된 부분을 영업용으로 사용하는 경우를 포함한다)에 대하여 적용한다. 다만, 제14조의2에 따른 상가건물임대차위원회의 심의를 거쳐 대통령령으로 정하는 보증금액을 초과하는 임대차에 대하여는 그러하지 아니하다. <개정 2020. 7. 31.>

② 제1항 단서에 따른 보증금액을 정할 때에는 해당 지역의 경제 여건 및 임대차 목적물의 규모 등을 고려하여 지역별로 구분하여 규정하되, 보증금 외에 차임이 있는 경우에는 그 차임액에 「은행법」에 따른 은행의 대출금리 등을 고려하여 대통령령으로 정하는 비율을 곱하여 환산한 금액을 포함하여야 한다. <개정 2010. 5. 17.>

③ 제1항 단서에도 불구하고 제3조, 제10조제1항, 제2항, 제3항 본문, 제10조의2부터 제10조의9까지의 규정, 제11조의2 및 제19조는 제1항 단서에 따른 보증금액을 초과하는 임대차에 대하여도 적용한다. <신설 2013. 8. 13., 2015. 5. 13., 2020. 9. 29., 2022. 1. 4.>

[전문개정 2009. 1. 30.]

제3조(대항력 등) ① 임대차는 그 등기가 없는 경우에도 임차인이 건물의 인도와 「부가가치세법」 제8조, 「소득세법」 제168조 또는 「법

인세법」 제111조에 따른 사업자등록을 신청하면 그 다음 날부터 제3자에 대하여 효력이 생긴다. <개정 2013. 6. 7.>

② 임차건물의 양수인(그 밖에 임대할 권리를 승계한 자를 포함한다)은 임대인의 지위를 승계한 것으로 본다.

③ 이 법에 따라 임대차의 목적이 된 건물이 매매 또는 경매의 목적물이 된 경우에는 「민법」 제575조제1항·제3항 및 제578조를 준용한다.

④ 제3항의 경우에는 「민법」 제536조를 준용한다.

[전문개정 2009. 1. 30.]

제4조(확정일자 부여 및 임대차정보의 제공 등) ① 제5조제2항의 확정일자는 상가건물의 소재지 관할 세무서장이 부여한다.

② 관할 세무서장은 해당 상가건물의 소재지, 확정일자 부여일, 차임 및 보증금 등을 기재한 확정일자부를 작성하여야 한다. 이 경우 전산정보처리조직을 이용할 수 있다.

③ 상가건물의 임대차에 이해관계가 있는 자는 관할 세무서장에게 해당 상가건물의 확정일자 부여일, 차임 및 보증금 등 정보의 제공을 요청할 수 있다. 이 경우 요청을 받은 관할 세무서장은 정당한 사유 없이 이를 거부할 수 없다.

④ 임대차계약을 체결하려는 자는 임대인의 동의를 받아 관할 세무서장에게 제3항에 따른 정보제공을 요청할 수 있다.

⑤ 확정일자부에 기재하여야 할 사항, 상가건물의 임대차에 이해관계가 있는 자의 범위, 관할 세무서장에게 요청할 수 있는 정보의 범위 및 그 밖에 확정일자 부여사무와 정보제공 등에 필요한 사항은 대통령령으로 정한다.

[전문개정 2015. 5. 13.]

제5조(보증금의 회수) ① 임차인이 임차건물에 대하여 보증금반환청구소송의 확정판결, 그 밖에 이에 준하는 집행권원에 의하여 경매를 신청하는 경우에는 「민사집행법」 제41조에도 불구하고 반대의무의 이행이나 이행의 제공을 집행개시의 요건으로 하지 아니한다.

② 제3조제1항의 대항요건을 갖추고 관할 세무서장으로부터 임대차계약서상의 확정일자를 받은 임차인은 「민사집행법」에 따른 경매 또는 「국세징수법」에 따른 공매 시 임차건물(임대인 소유의 대지를 포함한다)의 환가대금에서 후순위권리자나 그 밖의 채권자보다 우선하여 보증금을 변제받을 권리가 있다.

③ 임차인은 임차건물을 양수인에게 인도하지 아니하면 제2항에 따른 보증금을 받을 수 없다.

④ 제2항 또는 제7항에 따른 우선변제의 순위와 보증금에 대하여 이의가 있는 이해관계인은 경매법원 또는 체납처분청에 이의를 신청할 수 있다. <개정 2013. 8. 13.>

⑤ 제4항에 따라 경매법원에 이의를 신청하는 경우에는 「민사집행법」 제152조부터 제161조까지의 규정을 준용한다.

⑥ 제4항에 따라 이의신청을 받은 체납처분청은 이해관계인이 이의신청일부터 7일 이내에 임차인 또는 제7항에 따라 우선변제권을 승계한 금융기관 등을 상대로 소(訴)를 제기한 것을 증명한 때에는 그 소송이 종결될 때까지 이의가 신청된 범위에서 임차인 또는 제7항에 따라 우선변제권을 승계한 금융기관 등에 대한 보증금의 변제를 유보(留保)하고 남은 금액을 배분하여야 한다. 이 경우 유보된 보증금은 소송 결과에 따라 배분한다. <개정 2013. 8. 13.>

⑦ 다음 각 호의 금융기관 등이 제2항, 제6조제5항 또는 제7조제1항에 따른 우선변제권을 취득한 임차인의 보증금반환채권을 계약으로 양수한 경우에는 양수한 금액의 범위에서 우선변제권을 승계한다. <신설 2013. 8. 13., 2016. 5. 29.>

1. 「은행법」에 따른 은행
2. 「중소기업은행법」에 따른 중소기업은행
3. 「한국산업은행법」에 따른 한국산업은행
4. 「농업협동조합법」에 따른 농협은행
5. 「수산업협동조합법」에 따른 수협은행

6. 「우체국예금·보험에 관한 법률」에 따른 체신관서
7. 「보험업법」 제4조제1항제2호라목의 보증보험을 보험종목으로 허가받은 보험회사
8. 그 밖에 제1호부터 제7호까지에 준하는 것으로서 대통령령으로 정하는 기관

⑧ 제7항에 따라 우선변제권을 승계한 금융기관 등(이하 "금융기관등"이라 한다)은 다음 각 호의 어느 하나에 해당하는 경우에는 우선변제권을 행사할 수 없다. 〈신설 2013. 8. 13.〉

1. 임차인이 제3조제1항의 대항요건을 상실한 경우
2. 제6조제5항에 따른 임차권등기가 말소된 경우
3. 「민법」 제621조에 따른 임대차등기가 말소된 경우

⑨ 금융기관등은 우선변제권을 행사하기 위하여 임차인을 대리하거나 대위하여 임대차를 해지할 수 없다. 〈신설 2013. 8. 13.〉

[전문개정 2009. 1. 30.]

제6조(임차권등기명령) ① 임대차가 종료된 후 보증금이 반환되지 아니한 경우 임차인은 임차건물의 소재지를 관할하는 지방법원, 지방법원지원 또는 시·군법원에 임차권등기명령을 신청할 수 있다. 〈개정 2013. 8. 13.〉

② 임차권등기명령을 신청할 때에는 다음 각 호의 사항을 기재하여야 하며, 신청 이유 및 임차권등기의 원인이 된 사실을 소명하여야 한다.

1. 신청 취지 및 이유
2. 임대차의 목적인 건물(임대차의 목적이 건물의 일부분인 경우에는 그 부분의 도면을 첨부한다)
3. 임차권등기의 원인이 된 사실(임차인이 제3조제1항에 따른 대항력을 취득하였거나 제5조제2항에 따른 우선변제권을 취득한 경우에는 그 사실)
4. 그 밖에 대법원규칙으로 정하는 사항

③ 임차권등기명령의 신청에 대한 재판, 임차권등기명령의 결정에 대한 임대인의 이의신청 및 그에 대한 재판, 임차권등기명령의 취소신청 및 그에 대한 재판 또는 임차권등기명령의 집행 등에 관하여는 「민사집행법」 제280조제1항, 제281조, 제283조, 제285조, 제286조, 제288조제1항·제2항 본문, 제289조, 제290조제2항 중 제288조제1항에 대한 부분, 제291조, 제293조를 준용한다. 이 경우 "가압류"는 "임차권등기"로, "채권자"는 "임차인"으로, "채무자"는 "임대인"으로 본다.

④ 임차권등기명령신청을 기각하는 결정에 대하여 임차인은 항고할 수 있다.

⑤ 임차권등기명령의 집행에 따른 임차권등기를 마치면 임차인은 제3조제1항에 따른 대항력과 제5조제2항에 따른 우선변제권을 취득한다. 다만, 임차인이 임차권등기 이전에 이미 대항력 또는 우선변제권을 취득한 경우에는 그 대항력 또는 우선변제권이 그대로 유지되며, 임차권등기 이후에는 제3조제1항의 대항요건을 상실하더라도 이미 취득한 대항력 또는 우선변제권을 상실하지 아니한다.

⑥ 임차권등기명령의 집행에 따른 임차권등기를 마친 건물(임대차의 목적이 건물의 일부분인 경우에는 그 부분으로 한정한다)을 그 이후에 임차한 임차인은 제14조에 따른 우선변제를 받을 권리가 없다.

⑦ 임차권등기의 촉탁, 등기관의 임차권등기 기입 등 임차권등기명령의 시행에 관하여 필요한 사항은 대법원규칙으로 정한다.

⑧ 임차인은 제1항에 따른 임차권등기명령의 신청 및 그에 따른 임차권등기와 관련하여 든 비용을 임대인에게 청구할 수 있다.

⑨ 금융기관등은 임차인을 대위하여 제1항의 임차권등기명령을 신청할 수 있다. 이 경우 제3항·제4항 및 제8항의 "임차인"은 "금융기관등"으로 본다. <신설 2013. 8. 13.>

[전문개정 2009. 1. 30.]

제7조(「민법」에 따른 임대차등기의 효력 등) ① 「민법」 제621조에 따른 건물임대차등기의 효력에 관하여는 제6조제5항 및 제6항을 준용한다.

② 임차인이 대항력 또는 우선변제권을 갖추고 「민법」 제621조제1항에 따라 임대인의 협력을 얻어 임대차등기를 신청하는 경우에는 신청서에 「부동산등기법」 제74조제1호부터 제6호까지의 사항 외에 다음 각 호의 사항을 기재하여야 하며, 이를 증명할 수 있는 서면(임대차의 목적이 건물의 일부분인 경우에는 그 부분의 도면을 포함한다)을 첨부하여야 한다. <개정 2011. 4. 12., 2020. 2. 4.>

1. 사업자등록을 신청한 날
2. 임차건물을 점유한 날
3. 임대차계약서상의 확정일자를 받은 날

[전문개정 2009. 1. 30.]

제8조(경매에 의한 임차권의 소멸) 임차권은 임차건물에 대하여 「민사집행법」에 따른 경매가 실시된 경우에는 그 임차건물이 매각되면 소멸한다. 다만, 보증금이 전액 변제되지 아니한 대항력이 있는 임차권은 그러하지 아니하다.

[전문개정 2009. 1. 30.]

제9조(임대차기간 등) ① 기간을 정하지 아니하거나 기간을 1년 미만으로 정한 임대차는 그 기간을 1년으로 본다. 다만, 임차인은 1년 미만으로 정한 기간이 유효함을 주장할 수 있다.

② 임대차가 종료한 경우에도 임차인이 보증금을 돌려받을 때까지는 임대차 관계는 존속하는 것으로 본다.

[전문개정 2009. 1. 30.]

제10조(계약갱신 요구 등) ① 임대인은 임차인이 임대차기간이 만료되기 6개월 전부터 1개월 전까지 사이에 계약갱신을 요구할 경우 정당한 사유 없이 거절하지 못한다. 다만, 다음 각 호의 어느 하나

의 경우에는 그러하지 아니하다. <개정 2013. 8. 13.>

1. 임차인이 3기의 차임액에 해당하는 금액에 이르도록 차임을 연체한 사실이 있는 경우
2. 임차인이 거짓이나 그 밖의 부정한 방법으로 임차한 경우
3. 서로 합의하여 임대인이 임차인에게 상당한 보상을 제공한 경우
4. 임차인이 임대인의 동의 없이 목적 건물의 전부 또는 일부를 전대(轉貸)한 경우
5. 임차인이 임차한 건물의 전부 또는 일부를 고의나 중대한 과실로 파손한 경우
6. 임차한 건물의 전부 또는 일부가 멸실되어 임대차의 목적을 달성하지 못할 경우
7. 임대인이 다음 각 목의 어느 하나에 해당하는 사유로 목적 건물의 전부 또는 대부분을 철거하거나 재건축하기 위하여 목적 건물의 점유를 회복할 필요가 있는 경우

가. 임대차계약 체결 당시 공사시기 및 소요기간 등을 포함한 철거 또는 재건축 계획을 임차인에게 구체적으로 고지하고 그 계획에 따르는 경우

나. 건물이 노후·훼손 또는 일부 멸실되는 등 안전사고의 우려가 있는 경우

다. 다른 법령에 따라 철거 또는 재건축이 이루어지는 경우

8. 그 밖에 임차인이 임차인으로서의 의무를 현저히 위반하거나 임대차를 계속하기 어려운 중대한 사유가 있는 경우

② 임차인의 계약갱신요구권은 최초의 임대차기간을 포함한 전체 임대차기간이 10년을 초과하지 아니하는 범위에서만 행사할 수 있다. <개정 2018. 10. 16.>

③ 갱신되는 임대차는 전 임대차와 동일한 조건으로 다시 계약된 것으로 본다. 다만, 차임과 보증금은 제11조에 따른 범위에서 증감할 수 있다.

④ 임대인이 제1항의 기간 이내에 임차인에게 갱신 거절의 통지 또는 조건 변경의 통지를 하지 아니한 경우에는 그 기간이 만료된 때에 전 임대차와 동일한 조건으로 다시 임대차한 것으로 본다. 이 경우에 임대차의 존속기간은 1년으로 본다. <개정 2009. 5. 8.>

⑤ 제4항의 경우 임차인은 언제든지 임대인에게 계약해지의 통고를 할 수 있고, 임대인이 통고를 받은 날부터 3개월이 지나면 효력이 발생한다.

[전문개정 2009. 1. 30.]

제10조의2(계약갱신의 특례) 제2조제1항 단서에 따른 보증금액을 초과하는 임대차의 계약갱신의 경우에는 당사자는 상가건물에 관한 조세, 공과금, 주변 상가건물의 차임 및 보증금, 그 밖의 부담이나 경제사정의 변동 등을 고려하여 차임과 보증금의 증감을 청구할 수 있다.

[본조신설 2013. 8. 13.]

제10조의3(권리금의 정의 등) ① 권리금이란 임대차 목적물인 상가건물에서 영업을 하는 자 또는 영업을 하려는 자가 영업시설·비품, 거래처, 신용, 영업상의 노하우, 상가건물의 위치에 따른 영업상의 이점 등 유형·무형의 재산적 가치의 양도 또는 이용대가로서 임대인, 임차인에게 보증금과 차임 이외에 지급하는 금전 등의 대가를 말한다.

② 권리금 계약이란 신규임차인이 되려는 자가 임차인에게 권리금을 지급하기로 하는 계약을 말한다.

[본조신설 2015. 5. 13.]

제10조의4(권리금 회수기회 보호 등) ① 임대인은 임대차기간이 끝나기 6개월 전부터 임대차 종료 시까지 다음 각 호의 어느 하나에 해당하는 행위를 함으로써 권리금 계약에 따라 임차인이 주선한 신규임차인이 되려는 자로부터 권리금을 지급받는 것을 방해하여서는 아니 된다. 다만, 제10조제1항 각 호의 어느 하나에 해당하

는 사유가 있는 경우에는 그러하지 아니하다. <개정 2018. 10. 16.>

1. 임차인이 주선한 신규임차인이 되려는 자에게 권리금을 요구하거나 임차인이 주선한 신규임차인이 되려는 자로부터 권리금을 수수하는 행위
2. 임차인이 주선한 신규임차인이 되려는 자로 하여금 임차인에게 권리금을 지급하지 못하게 하는 행위
3. 임차인이 주선한 신규임차인이 되려는 자에게 상가건물에 관한 조세, 공과금, 주변 상가건물의 차임 및 보증금, 그 밖의 부담에 따른 금액에 비추어 현저히 고액의 차임과 보증금을 요구하는 행위
4. 그 밖에 정당한 사유 없이 임대인이 임차인이 주선한 신규임차인이 되려는 자와 임대차계약의 체결을 거절하는 행위

② 다음 각 호의 어느 하나에 해당하는 경우에는 제1항제4호의 정당한 사유가 있는 것으로 본다.

1. 임차인이 주선한 신규임차인이 되려는 자가 보증금 또는 차임을 지급할 자력이 없는 경우
2. 임차인이 주선한 신규임차인이 되려는 자가 임차인으로서의 의무를 위반할 우려가 있거나 그 밖에 임대차를 유지하기 어려운 상당한 사유가 있는 경우
3. 임대차 목적물인 상가건물을 1년 6개월 이상 영리목적으로 사용하지 아니한 경우
4. 임대인이 선택한 신규임차인이 임차인과 권리금 계약을 체결하고 그 권리금을 지급한 경우

③ 임대인이 제1항을 위반하여 임차인에게 손해를 발생하게 한 때에는 그 손해를 배상할 책임이 있다. 이 경우 그 손해배상액은 신규임차인이 임차인에게 지급하기로 한 권리금과 임대차 종료 당시의 권리금 중 낮은 금액을 넘지 못한다.

④ 제3항에 따라 임대인에게 손해배상을 청구할 권리는 임대차가

종료한 날부터 3년 이내에 행사하지 아니하면 시효의 완성으로 소멸한다.

⑤ 임차인은 임대인에게 임차인이 주선한 신규임차인이 되려는 자의 보증금 및 차임을 지급할 자력 또는 그 밖에 임차인으로서의 의무를 이행할 의사 및 능력에 관하여 자신이 알고 있는 정보를 제공하여야 한다.

[본조신설 2015. 5. 13.]

제10조의5(권리금 적용 제외) 제10조의4는 다음 각 호의 어느 하나에 해당하는 상가건물 임대차의 경우에는 적용하지 아니한다. <개정 2018. 10. 16.>

1. 임대차 목적물인 상가건물이 「유통산업발전법」 제2조에 따른 대규모점포 또는 준대규모점포의 일부인 경우(다만, 「전통시장 및 상점가 육성을 위한 특별법」 제2조제1호에 따른 전통시장은 제외한다)
2. 임대차 목적물인 상가건물이 「국유재산법」에 따른 국유재산 또는 「공유재산 및 물품 관리법」에 따른 공유재산인 경우

[본조신설 2015. 5. 13.]

제10조의6(표준권리금계약서의 작성 등) 국토교통부장관은 법무부장관과 협의를 거쳐 임차인과 신규임차인이 되려는 자의 권리금 계약 체결을 위한 표준권리금계약서를 정하여 그 사용을 권장할 수 있다. <개정 2020. 7. 31.>

[본조신설 2015. 5. 13.]

제10조의7(권리금 평가기준의 고시) 국토교통부장관은 권리금에 대한 감정평가의 절차와 방법 등에 관한 기준을 고시할 수 있다.

[본조신설 2015. 5. 13.]

제10조의8(차임연체와 해지) 임차인의 차임연체액이 3기의 차임액에 달하는 때에는 임대인은 계약을 해지할 수 있다.

[본조신설 2015. 5. 13.]

제10조의9(계약 갱신요구 등에 관한 임시 특례) 임차인이 이 법(법률

제17490호 상가건물 임대차보호법 일부개정법률을 말한다) 시행일부터 6개월까지의 기간 동안 연체한 차임액은 제10조제1항제1호, 제10조의4제1항 단서 및 제10조의8의 적용에 있어서는 차임연체액으로 보지 아니한다. 이 경우 연체한 차임액에 대한 임대인의 그 밖의 권리는 영향을 받지 아니한다.

[본조신설 2020. 9. 29.]

제11조(차임 등의 증감청구권) ① 차임 또는 보증금이 임차건물에 관한 조세, 공과금, 그 밖의 부담의 증감이나 「감염병의 예방 및 관리에 관한 법률」 제2조제2호에 따른 제1급감염병 등에 의한 경제사정의 변동으로 인하여 상당하지 아니하게 된 경우에는 당사자는 장래의 차임 또는 보증금에 대하여 증감을 청구할 수 있다. 그러나 증액의 경우에는 대통령령으로 정하는 기준에 따른 비율을 초과하지 못한다. <개정 2020. 9. 29.>

② 제1항에 따른 증액 청구는 임대차계약 또는 약정한 차임 등의 증액이 있은 후 1년 이내에는 하지 못한다.

③ 「감염병의 예방 및 관리에 관한 법률」 제2조제2호에 따른 제1급감염병에 의한 경제사정의 변동으로 차임 등이 감액된 후 임대인이 제1항에 따라 증액을 청구하는 경우에는 증액된 차임 등이 감액 전 차임 등의 금액에 달할 때까지는 같은 항 단서를 적용하지 아니한다. <신설 2020. 9. 29.>

[전문개정 2009. 1. 30.]

제11조의2(폐업으로 인한 임차인의 해지권) ① 임차인은 「감염병의 예방 및 관리에 관한 법률」 제49조제1항제2호에 따른 집합 제한 또는 금지 조치(같은 항 제2호의2에 따라 운영시간을 제한한 조치를 포함한다)를 총 3개월 이상 받음으로써 발생한 경제사정의 중대한 변동으로 폐업한 경우에는 임대차계약을 해지할 수 있다.

② 제1항에 따른 해지는 임대인이 계약해지의 통고를 받은 날부터 3개월이 지나면 효력이 발생한다.

[본조신설 2022. 1. 4.]

제12조(월 차임 전환 시 산정률의 제한) 보증금의 전부 또는 일부를 월 단위의 차임으로 전환하는 경우에는 그 전환되는 금액에 다음 각 호 중 낮은 비율을 곱한 월 차임의 범위를 초과할 수 없다. <개정 2010. 5. 17., 2013. 8. 13.>

1. 「은행법」에 따른 은행의 대출금리 및 해당 지역의 경제 여건 등을 고려하여 대통령령으로 정하는 비율
2. 한국은행에서 공시한 기준금리에 대통령령으로 정하는 배수를 곱한 비율

[전문개정 2009. 1. 30.]

제13조(전대차관계에 대한 적용 등) ① 제10조, 제10조의2, 제10조의8, 제10조의9(제10조 및 제10조의8에 관한 부분으로 한정한다), 제11조 및 제12조는 전대인(轉貸人)과 전차인(轉借人)의 전대차관계에 적용한다. <개정 2015. 5. 13., 2020. 9. 29.>

② 임대인의 동의를 받고 전대차계약을 체결한 전차인은 임차인의 계약갱신요구권 행사기간 이내에 임차인을 대위(代位)하여 임대인에게 계약갱신요구권을 행사할 수 있다.

[전문개정 2009. 1. 30.]

제14조(보증금 중 일정액의 보호) ① 임차인은 보증금 중 일정액을 다른 담보물권자보다 우선하여 변제받을 권리가 있다. 이 경우 임차인은 건물에 대한 경매신청의 등기 전에 제3조제1항의 요건을 갖추어야 한다.

② 제1항의 경우에 제5조제4항부터 제6항까지의 규정을 준용한다.

③ 제1항에 따라 우선변제를 받을 임차인 및 보증금 중 일정액의 범위와 기준은 임대건물가액(임대인 소유의 대지가액을 포함한다)의 2분의 1 범위에서 해당 지역의 경제 여건, 보증금 및 차임 등을 고려하여 제14조의2에 따른 상가건물임대차위원회의 심의를 거쳐 대통령령으로 정한다. <개정 2013. 8. 13., 2020. 7. 31.>

[전문개정 2009. 1. 30.]

제14조의2(상가건물임대차위원회) ① 상가건물 임대차에 관한 다음 각 호의 사항을 심의하기 위하여 법무부에 상가건물임대차위원회(이하 "위원회"라 한다)를 둔다.

1. 제2조제1항 단서에 따른 보증금액
2. 제14조에 따라 우선변제를 받을 임차인 및 보증금 중 일정액의 범위와 기준

② 위원회는 위원장 1명을 포함한 10명 이상 15명 이하의 위원으로 성별을 고려하여 구성한다.

③ 위원회의 위원장은 법무부차관이 된다.

④ 위원회의 위원은 다음 각 호의 어느 하나에 해당하는 사람 중에서 위원장이 임명하거나 위촉하되, 제1호부터 제6호까지에 해당하는 위원을 각각 1명 이상 임명하거나 위촉하여야 하고, 위원 중 2분의 1 이상은 제1호·제2호 또는 제7호에 해당하는 사람을 위촉하여야 한다.

1. 법학·경제학 또는 부동산학 등을 전공하고 상가건물 임대차 관련 전문지식을 갖춘 사람으로서 공인된 연구기관에서 조교수 이상 또는 이에 상당하는 직에 5년 이상 재직한 사람
2. 변호사·감정평가사·공인회계사·세무사 또는 공인중개사로서 5년 이상 해당 분야에서 종사하고 상가건물 임대차 관련 업무경험이 풍부한 사람
3. 기획재정부에서 물가 관련 업무를 담당하는 고위공무원단에 속하는 공무원
4. 법무부에서 상가건물 임대차 관련 업무를 담당하는 고위공무원단에 속하는 공무원(이에 상당하는 특정직공무원을 포함한다)
5. 국토교통부에서 상가건물 임대차 관련 업무를 담당하는 고위공무원단에 속하는 공무원

6. 중소벤처기업부에서 소상공인 관련 업무를 담당하는 고위공무원단에 속하는 공무원
7. 그 밖에 상가건물 임대차 관련 학식과 경험이 풍부한 사람으로서 대통령령으로 정하는 사람

⑤ 그 밖에 위원회의 구성 및 운영 등에 필요한 사항은 대통령령으로 정한다.

[본조신설 2020. 7. 31.]

제15조(강행규정) 이 법의 규정에 위반된 약정으로서 임차인에게 불리한 것은 효력이 없다.

[전문개정 2009. 1. 30.]

제16조(일시사용을 위한 임대차) 이 법은 일시사용을 위한 임대차임이 명백한 경우에는 적용하지 아니한다.

[전문개정 2009. 1. 30.]

제17조(미등기전세에의 준용) 목적건물을 등기하지 아니한 전세계약에 관하여 이 법을 준용한다. 이 경우 "전세금"은 "임대차의 보증금"으로 본다.

[전문개정 2009. 1. 30.]

제18조(「소액사건심판법」의 준용) 임차인이 임대인에게 제기하는 보증금반환청구소송에 관하여는 「소액사건심판법」 제6조·제7조·제10조 및 제11조의2를 준용한다.

[전문개정 2009. 1. 30.]

제19조(표준계약서의 작성 등) 법무부장관은 국토교통부장관과 협의를 거쳐 보증금, 차임액, 임대차기간, 수선비 분담 등의 내용이 기재된 상가건물임대차표준계약서를 정하여 그 사용을 권장할 수 있다. <개정 2020. 7. 31.>

[본조신설 2015. 5. 13.]

제20조(상가건물임대차분쟁조정위원회) ① 이 법의 적용을 받는 상가건물 임대차와 관련된 분쟁을 심의·조정하기 위하여 대통령령으로 정하는 바에 따라 「법률구조법」 제8조에 따른 대한법률구조

공단의 지부, 「한국토지주택공사법」에 따른 한국토지주택공사의 지사 또는 사무소 및 「한국감정원법」에 따른 한국감정원의 지사 또는 사무소에 상가건물임대차분쟁조정위원회(이하 "조정위원회"라 한다)를 둔다. 특별시·광역시·특별자치시·도 및 특별자치도는 그 지방자치단체의 실정을 고려하여 조정위원회를 둘 수 있다. <개정 2020. 7. 31.>

② 조정위원회는 다음 각 호의 사항을 심의·조정한다.

1. 차임 또는 보증금의 증감에 관한 분쟁
2. 임대차 기간에 관한 분쟁
3. 보증금 또는 임차상가건물의 반환에 관한 분쟁
4. 임차상가건물의 유지·수선 의무에 관한 분쟁
5. 권리금에 관한 분쟁
6. 그 밖에 대통령령으로 정하는 상가건물 임대차에 관한 분쟁

③ 조정위원회의 사무를 처리하기 위하여 조정위원회에 사무국을 두고, 사무국의 조직 및 인력 등에 필요한 사항은 대통령령으로 정한다.

④ 사무국의 조정위원회 업무담당자는 「주택임대차보호법」 제14조에 따른 주택임대차분쟁조정위원회 사무국의 업무를 제외하고 다른 직위의 업무를 겸직하여서는 아니 된다.

[본조신설 2018. 10. 16.]

제21조(주택임대차분쟁조정위원회 준용) 조정위원회에 대하여는 이 법에 규정한 사항 외에는 주택임대차분쟁조정위원회에 관한 「주택임대차보호법」 제14조부터 제29조까지의 규정을 준용한다. 이 경우 "주택임대차분쟁조정위원회"는 "상가건물임대차분쟁조정위원회"로 본다.

[본조신설 2018. 10. 16.]

제22조(벌칙 적용에서 공무원 의제) 공무원이 아닌 상가건물임대차위원회의 위원 및 상가건물임대차분쟁조정위원회의 위원은 「형법」 제127조, 제129조부터 제132조까지의 규정을 적용할 때에는 공

무원으로 본다. <개정 2020. 7. 31.>
[본조신설 2018. 10. 16.]

부칙〈제18675호, 2022. 1. 4.〉

제1조(시행일) 이 법은 공포한 날부터 시행한다.

제2조(임차인의 해지권에 관한 적용례) 제11조의2의 개정규정은 이 법 시행 당시 존속 중인 임대차에 대해서도 적용한다.

노동하는 법무사 김대환

초판 1쇄 발행 / 2023년 12월 2일

지은이 / 김대환
사　진 / 류재형
펴낸이 / 윤미경
펴낸곳 / 도서출판다인아트
출판등록 1996년 3월 8일 제78호
인천광역시 중구제물량로232번안길 13
tel. 032+431+0268 / fax. 032+431+0269
e-mail. dainartbook@naver.com

인　쇄 / 한컴인쇄
제　본 / 대한제책

ISBN 978-89-6750-151-8 (03810)